How to Wen

時尚CEO的
18堂職場實戰課

HOW TO WIN

溫筱鴻的鐵戰人生

溫筱鴻——著

目錄

PART I 機會和命運的職場遊戲

PART II 時尚CEO的實戰講堂

PART III 創造屬於自己的人生伸展台

Foreword 前言

就算是花瓶，
我也是鐵打的花瓶

父親早逝，小女孩要堅強

我最期待爸爸出國回來。

他每次出國回來時，皮箱裡總裝滿著我的新衣服，小時候我就可以穿到漂亮的白毛皮長大衣。可是，他卻在我高一那年因病離開我了。父親早逝，世界變了，我從小公主被迫要變成一個要堅強的小女孩。

爸爸是江蘇無錫人，非常注重要過好生活，很懂得吃好、穿好、用好的，我是他唯一的女兒，他直到四十四歲才有我這個女兒，所以對我非常疼愛，我是父親的漂亮小寶貝，是他人前人後呼喚著、疼愛著的小公主，他總是說：「我最疼我女兒了！」。

小時候家境不錯，家裡有傭人打理照顧一切，念幼稚園時，媽媽每天都會提前幫我準備穿去上學的衣服，每天頭上都要綁不同顏色的髮帶，當時全身上下的衣服都是爸爸從香港龍子行買來的，衣服上面總有許多蕾絲、金蔥。還記得念立人小學的時候，每個星期六是我們穿便服的日子，愛漂亮的媽媽總是在星期六早上很開心的幫我精心裝扮。

爸爸很喜歡吃大閘蟹，小時候就很有口福的跟著他，吃遍好吃的佳餚，現在的我，經常會在辛苦工作後犒賞自己去吃一大盤炒螃蟹，不知道是不是對小時候美好記憶的想念？還是以此寵愛自己，就像當年爸爸寵愛我一樣呢？

但我從來沒想過，出國回家時，皮箱總是裝滿我新衣服的爸爸竟然會消失在我的世界。他過世的那天，我驚恐的不知所措、哭泣不止，那一年我剛讀高一。

現在的我仍然愛哭，一想到傷心的事情，眼淚就在眼眶中打轉，但我已經不再大哭，也忘了大哭的日子是什麼時候消失的——也許是磨練帶走了它，在帶走的過程中我想我已經變得堅強。唯一無法堅強的時刻，就是父親缺席的遺憾被凸顯的非常時刻：大學畢業典禮、父親節、年夜飯……等等——一般人慶祝之時，是我最脆弱、但必須暗藏情緒、要自己堅強起來的時候。也許很多人認爲我已身經百戰，但遇到極大挫折時，仍會很難過，父親這人生的肩膀已不在了。

不僅需要堅強，也需要爲自己和家人做許多選擇和決定。母親帶著我和弟弟，三個人生活不容易；我不再是小公主，我是家中的老大，是弟弟在生活上很需要的姊姊，更是母親精神上的依靠，我必須變得要經常做選擇、決定事情，而這些不是學校老師們能教我的，沒有人能告訴我該怎麼做，一直在過程中吃虧和學習，也就是大家經常說的「做中學」，長大後才知道，很多工作道理原來未成年的我早就開始體驗。

父親早逝的不捨與遺憾，從來沒有消失過，始終是我人生最深的遺憾，我的個性被迫改變，面對很多考驗和艱難，我想現在的我已經可以「關關難過關關過」，對得起父親在世時的疼愛，他若能夠看見，應該可以欣慰，他一定沒想到我一個柔弱愛撒嬌、愛哭、愛漂亮的小女孩，可以帶著這個家，一個不完整的家，不畏艱難地一直往前走——但我就是走到了今天，即使旁人說是花瓶，我也是個鐵打的花瓶。

為親人償債，陷入人生的谷底

延吉街，是台北東區熱鬧繁華的一條街，這條街往南延伸靠近信義路旁有個小公園，我這一生只去過那裡一次——那時下著大雨，而我坐在公園裡狂哭了兩小時。親人因做生意失敗，債務一時無法償還，在電話中跟我說他想從七樓跳下，情急的我眞是無語問蒼天，正在上班的我，失魂落魄的離開公司走在延吉街上。

在時尙媒體上班、經常光鮮亮麗的我，竟會被親人的欠債風暴牽連，親人所欠下的數百萬，怎會是一個上班族的我所能償還的？我從小到大從沒欠過任何人一毛錢，我辛苦認眞從基層做起，辛苦認眞地賺著每一塊錢，結果卻換來這樣無力又無奈的人生困境。

記得那天下著大雨，我在雨中失魂的走到延吉公園，我的眼淚更是使喚不住的湧出。眼淚哭乾了，回到家，只留下幾個月生活費，將過去所有賺的錢與積蓄全數付出。

我熬過這次恐怖的難關，而這次難關讓我下定決心必須要更努力，雖然賺錢過程中也會有風險，有可能賠更多，但我若不試、不努力闖關，我永遠不知道自己到底有沒有機會？

那年雨中的延吉公園，是我哭了兩小時的傷心地，雨停之後，我知道自己必須往前走，才能走出這裡。多年後，我因投資朋友的餐廳虧損數百萬，再次面臨經濟危機，幸好弟弟出面協助收尾頂讓，又讓我再一次體驗到人生唯有靠自己。

曾有人說：『只有堅毅之心才能在生活低潮處看見光亮』，

回首過往，生活低潮曾經一次又一次地襲向我，

而我總還是可以往前看見那幽微的光亮，

我想，我應該已經有了如鋼鐵般的堅毅之心吧……

機會和命運的職場遊戲

PART I

如果你感到茫然，當年的我也是如此，但我做了什麼不一樣的選擇？對過往自我探索的那段崎嶇人生路，因為受邀參加「Google 數位火星計劃」，意外地有了重溫年輕的機會。這個被媒體讚譽為二〇一五年度亞太地區最大型的人才培訓計畫，是由 Google 台灣號召聯手國內各大企業，計畫免費培訓二千名應屆畢業生成為數位行銷人才，我很榮幸能代表嘉裕到第一線接觸年輕朋友。

看著眼前充滿活力的臉龐，努力想把自己最好的一面呈現出來，腦海忍不住閃過有趣的畫面，覺得正跟當年的自己在聊天對話。原來不管是誰，面對未知的明天，都是一樣的忐忑，既充滿期待，也感到畏懼茫然，特別是學校畢業之後的第一份工作。

年輕時，我只知道自己不要什麼，但是到底想要什麼、適合什麼？當時根本不太清楚──我也一樣，懵懵懂懂地一路摸索這樣走來。

Lesson 1

吃苦彎腰
才是最美好的鍛鍊

一

在飯店擔任服務客人的工作，養成我日後可以面面俱到的基礎功力，其中點滴並非偶像劇所演的那麼刺激美好，吃苦彎腰才是美好的鍛鍊。

爲什麼一路就讀服裝設計的我，沒有往相關產業求職？反而挑了八竿子扯不上邊的觀光服務業？當時剛畢業，還有另一個工作機會，是到某知名百貨公司的專櫃銷售服裝，薪水比較高不說，還有業績獎金。但最後還是選擇了飯店工作，原因別無其它，只爲了這是一個跟我過去所學完全無關的領域——這很可能會是磨練我、讓我有所新收穫的學習機會。

對擁有服裝設計科班背景的我來說，進入百貨服飾業應該相對比較容易成功，但是如果能有機會進入國際級飯店工作，接觸到完全不同的領域磨練學習，或許這輩子就只有這一次機會了。選擇跟自己所學截然不同的領域，往往是職場年輕人的優勢，有機會學習新東西，可以找到自己新的面向，在這個時代更顯得重要，而成爲一名飯店人，沒想到竟是我日後成爲專業經理人的關鍵學習。

作夢都在「May I help you？」

處女座A型的我不夠活潑，甚至還有點內向，或許是當時我堅定的心被面試官看見，因此能夠在眾多競爭面試者中通過甄選。「文靜害羞」是我進入社會前在親友、師長和同學眼中的形象標誌，而現在的我，居然主要工作之一就是不斷開口說話！

當時即使我不善言詞，但自認還具有親和力，也喜歡和人溝通。我觀察服務業的環境中，溝通是滿重要的現場能力，所以我想要繼續加強自己的溝通能力，同時又可學到很不同的東西，挑戰一定很大；不管做不做得到，我都決定要給自己機會放手一試，萬一不適合，大不了回頭進百貨公司做服飾業相關工作。想想，既然心中已有備案了，就一定要全力以赴去嘗試新挑戰！

現在想起來，我眞心感謝人生的這個機會。挫折與壓力不用說，每天的工作狀態就是「緊張」兩個字。

那時，國內技職教育還沒有出現現今如此盛行的觀光服務，同一批的新進職員都來自不同背景，然後一起進入大飯店這個大職場，彼此之間既是扶持的夥伴，又是競爭的對手。這種感覺不是高層的你爭我鬥，而是很奇妙的職場新人之間的必需依靠又不得不競爭的微妙張力，這種張力就只存在剛進職場的階段，有苦更有甜，如果重新來過，這社會大學的第一學期，我會更加珍惜。

那時，即使是一句簡單的英文，都足以對我造成影響。

剛開始坐櫃台，每天都要不斷地提醒自己務必要主動跟客人講話或問候，每次電話接起來就要流暢又親切地說：「Good morning, Lai-Lai Sheraton Hotel, may I help you ?」。

白天神經緊繃到下班回家依然無法解放，晚上睡覺說夢話都是「Good morning, Lai-Lai Sheraton Hotel, may I help you ?」眞的一點都不誇張。現在只要聽到別人對我說：「May I help you？」，我就想到在飯店櫃台的溫筱鴻。

耐心、細心和傾聽

那段期間我的「耐心」和「細心」都得到充分的磨練。因爲除了接電話，還要負責處理客人的留言。很多人以爲只是把客人講的話打出來、或者寫下來，有什麼難的？我本來也是這麼想，實際做了才知道其實一點都不簡單。以前在學校讀的是服裝設計，也沒學過速記。要如何在最短的時間內，簡短清楚的記下客人的要求，得靠高度的專注力和即時反應的能力；而且來自世界各地的客人南腔北調，即使只是簡單的日常英文，也相當考驗耳力。

這些瑣碎的行政庶務，很多人會將它視爲工作負擔，很無聊，恨不得想閃避。但我的個性是不管喜不喜歡，也不管自己到底行不行，只要主管分派交待下來的，即使只是留個簡單的訊息，我都要想盡辦法把它做好、做得漂亮，因爲這樣的緣故，我也學到如何在傾聽中掌握對方重點的本事，到今天都還十分受用。我也經常親自傳授記重點的技巧給我的同事們，教她們在最短的時間內，學會掌握人、事、時、地、物。

不只是說話表達、行政庶務等方面的訓練，儀容也被嚴格要求。剛進社會的年輕女生根本不懂化妝，因爲以前在學校不可能天天化妝，也沒人教化妝。但在飯店業就不一樣了，主管會叮嚀：「妳，眼線怎麼畫成這樣啊？」或是「口紅不要捨不得擦，擦濃一點，氣色才會好！」，我們幾位菜鳥經常在主管走後一轉身就低聲說：「天啊，要畫這麼濃嗎？」，而我最常被唸氣色不好，因爲口紅總是太淡！

每天上緊發條的菜鳥們，在長官和前輩的照顧下，還是慢慢有長進，更重要的是學習到什麼是紀律。紀律在大飯店尤其重要，服務業從幕後行政到前端櫃台，若沒有嚴謹的紀律，便無法提供客人完美的服務品質，無法在客人心中留下舒適的感受，就不可能將好服務轉化成好口碑，進而成爲品牌好感度，而這些被訓練的過程，原來就是體驗經濟的核心價值。

擔任飯店櫃檯人員沒多久，我就轉任禮賓專員，很開心也很興奮，因爲這算是一個進階，也是主管和公司對我小小的肯定。職務不同，接觸更廣泛，做爲禮賓專員必須到不同的部門訓練，讓我在最短時間內，熟悉飯店的基本組織和運作，雖是表淺的認識，但感覺寬度被拓展。

這當中最重要的磨練，也是內向的我一直感到痛苦的事情，就是身爲禮賓專員，要更深入的對客人嘘寒問暖與服務更週到，已經不能是一句「May I help you ?」就可以，而是要與初次見面的客人開口聊天！一開始，我只會說：「你今天都好嗎？有沒有很累啊？」「吃飯了沒有？有沒有什麼需要幫忙安排的？」從這樣最表淺的問候，漸漸地懂得掌握更多關懷客人的細節，依據對方需求提出適切的貼心問候。而語言是另一個難題。當時我的英文能力只夠應付簡單會話，所以認眞地每天學習用英文問候外國客人，當作是現場立即的語言訓練，沒有想太多，只知道自己的英文能力每天都在慢慢地在進步中，這些都是薪水之外的額外珍貴收穫。

當時禮賓負責接待的多是入住飯店的頂級客人，客人來自世界各地、形形色色，也增長很多見識，那時還不懂得這些國際接觸究竟對自己有甚麼樣的影響，心裡所想只是把工作做到最好。

其中最特別的服務對象，應該是沙烏地阿拉伯王子，慷慨的他給了我一筆相當於一個月薪水的小費，在受寵若驚又覺得幸運的同時，心裡也更堅定要努力做好服務客人的本分。

像這樣代表公司的形象，爲貴賓們解說飯店的設施、內容，然後在等待的空檔，跟對方問候聊天，進一步提供諮詢和相關服務等等，某種程度其實就是「公關」。那段期間對我而言就像是養成教育的一部分，已經在學習如何做行銷和公關，回顧那段日子，原來我那時就在做著這件事，只是我自己不知道而已。

成爲「飯店人」，的確是我人生中極其重要的起跑點。

千萬不要挑剔任何的起跑點，不管你喜不喜歡、是不是你的興趣或熱情，起跑點在當下都無法立即呈現它對你的影響或價值，畢業後只要你有個起跑點，無論是甚麼，只要努力學習、認真做，所累積的都會使你一輩子受用，只不過當下年輕的你還沒看到而已。總之，職場的起跑點不管在哪，只要認眞用心，有一天你會跟我一樣如此感念在起跑點時的歷練。

職場也是人脈的聚寶盆，珍惜因共事而結下的美好緣分

很難說我的第一份工作選擇是對還是錯？當年給予機會通過面試甄選的主考官、耳提面命指正大小細節的輔導長官……每一位都是老師、是貴人，在各方面給予我許多教導與啓發。說實話，如果只是唸服裝設計，就算畢業後就投入相關產業，或許今天的我，也沒辦法勝任專業經理人的工作，因爲管理工作，是專才，也是通才。

職場除了是能力的訓練場，也是人脈的聚寶盆。所以我覺得年輕朋友不用執著在第一份工作就要達標，其實可以給自己嘗試摸索的機會，只有經過嘗試，眞正的未來才會愈來愈清晰；並珍惜因工作而認識的前輩的指導，他們不僅是帶領你熟悉職場的人，也可能會是你職場人生的 Mentor（業師），更是一輩子的良師益友。

當時在飯店的學長們現在都成了國內飯店業重要的掌舵者

了，像是知本老爺集團的執行長沈方正、遠雄飯店的皮金營總經理、國賓飯店的總經理李維毅等，這幾位前輩當年都非常樂於提攜後進，在他們身上，我充分感受到身爲飯店人的熱情和專業。

還記得，比我早一點進去算是學長的沈方正，他經常幫我們菜鳥們買早餐打氣，眞的讓人非常感動，那溫暖激勵我們的能量，現在依然在心中。雖然我在喜來登飯店只待了一年多，後來也沒有繼續在飯店業服務，但是到現在，我們大家彼此仍維持著友好的互動與關心，甚至我在跨足公關、進入時尚業之後，他們也一直相挺照顧，眞的要感謝因共事而結下的美好緣分。

一

我從未想過有一天會成為總經理。我沒有傲人的家世背景、沒有權勢貴人的資金挹注、沒有高學歷的加持，從零開始，我從小 AE 到總經理，靠的是一步一腳印。

和大多數人一樣，年輕時，我只知道自己「不要什麼」，對於自己「想要什麼」卻仍舊在摸索，原本平凡內向的我，雖然踏出校園後的第一份工作是幸運成爲喜來登飯店的禮賓公關，也做得還算有聲有色，而這份工作可以說是開啟我的人生潛能，讓我重新瞭解自己，定位自己。

經常會想念在喜來登飯店的工作，雖然辛苦卻總是有著一種踏實感，後來才明白，那種踏實感原來是我生命的DNA，旁人都說我是屬於那種努力、再努力、更努力的人，因爲我不相信一步登天，我不相信一蹴可及的幸福或成就，甘於一步一腳印就是溫筱鴻的特質。在當今光速倍的數位時代，一步一腳印可能過時了，成功似乎有各種一步登天的可能性。不過，即使可能一開始就一步登天，但之後的路仍然需要努力、再努力、更努力。

我總是往前看，有個藝術家曾說：「眼睛總是朝前看的人，眼前總是會看到新的地平線」，我就是這樣的一個人。

雜誌社小 AE，讓自己被看見

後來因家庭因素離開台灣，去了美國，兩年後再度回台灣，重新踏入職場，又一次面對機會和命運的選擇。那時我立志要從頭做起，一切歸零，讓自己像職場新人。

當時我將時尚雜誌做爲重新開始的起跑目標，一方面因爲服裝設計科系畢業，希望有機會可以學以致用，另一方面自己愛漂亮，喜歡接觸美麗的人事物。其實若回到飯店業，已有底子不用從頭做起，可以銜接在較好的位置繼續工作，但時尚雜誌卻是一個陌生的全新環境，必須從基層開始。

然而我又選了一條跟別人不一樣的路：決定到雜誌社從ＡＥ做起。親友們都笑我怎麼找工作怎麼盡挑苦頭吃？好像真的是這樣——不過當然不是故意要吃苦，只是喜歡給自己新挑戰，我已經大概知道飯店工作是怎麼回事，就想嘗試看看自己是否有其他發展機會。

很多人怕做錯選擇，其實只要具備能夠接受錯誤的勇氣，想好自己可以承擔的結果，就算錯了也沒關係，大不了當成白走一趟，尤其年輕人更應有嘗試的本錢，千萬不要害怕做錯選擇。事實上，任何事情都不會白走，我們總會在當中找到它的價值和意義——也許不是當下，但只要你辛苦過的，總有一天都會有意義，「凡走過必留下痕跡」，這句話絕對是擲地鏗鏘有聲的永遠眞理。

於是，我去應徵並做了《BAZAAR》雜誌的 A E。

原本一開始我想應徵的是服裝編輯，可以接觸很多第一手流行資訊，但當時國際中文版的雜誌，大部分內容都是從國外翻譯，本地的服裝編輯職缺機會極少，僧多粥少，加上又沒有這方面的工作經驗，眼看服裝編輯當不成，沒魚蝦也好，只要能進入自己想要進入的產業，不管做什麼工作都行，當AE跑業務拉廣告我都願意做。

但我既沒有這方面的經歷，講話和外表也給人柔弱的小女人模樣，負責面試的主管語氣爲難的說：「抱歉，目前編輯和業務都沒有缺人。」碰了軟釘子，也不知道哪裡來的固執和勇氣，居然開口提議：「我眞的很想來這裡工作，沒關係，不用付我薪水，希望給我一個月到三個月的時間，讓我試試。」我到現在都還記得，當時主試的長官是鄧士茹總監，大概從來沒有人像我這麼「傻氣」，她臉上流露出有點意外的神情！不知道是被我的熱忱打動，還是評估這樣安排公司也不吃虧，等於多一個人跑業務，沒什麼不好，也就非常阿莎力：「好吧，那就讓妳來做 AE 試試看！」，她的這一點頭，為我的時尚產業生涯開了第一扇門。

想要成為一個時尚人的強烈動機，讓我脫口而出。就這樣，單純因為很希望獲得這個工作，我為自己創造了一個被看見的機會。只要能夠進去，就有機會被看見。

我內心很阿 Q 的告訴自己：「三個月沒有薪水領也沒什麼，就假裝自己還沒有畢業嘛！唸書的時候沒有薪水領，對吧？三個月，我就當成是被當掉了，多唸了三個月的書，厚著臉皮讓家人養，咬咬牙就撐過去了。」當然，我也想過停損點，三個月之後，如果發現自己不適合雜誌這一行，就認份回去找飯店的差事，至少我嘗試過，也努力過了，不會對不起自己。

熱情、態度、專業，缺一不可

現在自己當主管，經常被人問：「妳面試一個人的時候，妳會用什麼樣的標準評斷可不可以用他？」

我認爲有三件事最重要，而且有順序：「第一是熱情、第二是態度，第三則是專業。」在應徵人時，這三者是有先後順序的，爲什麼呢？今天如果一個人非常專業，他的能力非常好，但是沒有熱情的話，我不會用他；如果他很能幹、很優秀，態度卻很差，我也不會用他。聽起來，好像是說，熱情和態度很重要！那麼專業呢？當然也不可少，意思是說如果今天你很棒、你非常友善、你口才很好，但是你沒有專業，那也是白談。熱情、態度、專業，三者缺一不可，只是它的積分有優先順序！

爲什麼把熱情擺在最前面？因爲它是別人教不來的，唯有熱情能夠自我激勵、自我挑戰，不斷地讓自己自我突破，這項特質是職場的終極決勝。

即使不領薪水也要放手一試的熱忱，讓我獲得雜誌社的機會。但是我手邊根本沒有客戶，而且那時BAZAAR是出版界的新面孔，除了時尚圈，外界很少人聽過它，這下好了——我要如何在一個月到三個月內，讓自己做出成績，有機會被看見？

當時主要客戶都掌握在資深業務員手上，菜鳥只能自求多福，不只在雜誌社，任何領域的業務生態都是如此。以前做廣告不是講「做」廣告，是講「拉」廣告，就像拉保險一樣，有時難免給人負面的觀感，拜訪客戶碰上軟硬釘子甚至嘴上吃一頓排頭，都是家常便飯。但是我除了拼命四處拜訪，別無他法，人家一天跑三、四攤，我就安排六、七家。

可惜光靠這樣，還是無法讓業績突破，絕中生智的我也不知道自己哪來的異想天開，某天看到中國石油，就自己發明了一個標語：「爲台灣女性加油！」在過去，從來沒有人想過以女性讀者爲主的時尚雜誌，可以找形象陽剛的中國石油刊登廣告。我絕對是業界第一個，眞是既天眞又天才，或者應該說我是天兵吧。

而且我這個業務菜鳥，因爲沒有經驗，反而自己創造出一些方法。不像大部分業務都是直接拿著雜誌去拜訪客戶，我則因爲從小喜歡動手 DIY，自己做了一張「爲台灣女性加油」的廣告草稿，然後把它貼進國外版的 BAZAAR 雜誌。沒有老客戶，反而逼著我得做功課，不是只用交情換廣告。

一直到後來我升爲業務主管仍然維持這個習慣，就算是熟識的客戶，憑什麼要對方下廣告？希望靠的是專業，用雙贏的策略贏得業績。

但是一開始挫折不斷，首先碰到的難關是，拿著 DIY 做好的廣告頁，可是根本沒機會見到中國石油負責廣告的主管，因為不認識。只能按規矩把雜誌送去行銷企劃部，然後每隔幾天（絕對不能每天，否則人家會覺得有點煩）就坐在人家企畫部的門口接待處，現在想想，都不知道是哪來的臉皮？在我的個性特質裡，好像有一種愈挫愈勇的勇氣。

有一天，雨下得非常大。輕度颱風來襲，風大雨大，但還沒有到達停課停班的標準，我還是頂著風雨到中油繼續等待。結果，負責行銷的郭副總剛好經過，突然停下腳步，隨口問旁邊的人：「這女生是誰啊？怎麼常常都看到她？」經過介紹，我趕緊把握機會上前遞出隨身準備的雜誌。郭副總大概從來沒想過有人「敢」

跟中國石油提出這種另類訴求的廣告吧？加上是新雜誌，廣告費並不貴，或許對我這個傻氣兼勇氣滿滿的業務菜鳥，也有一點鼓勵的意味，結果他不但點頭答應，還成爲重要客戶！哇，當時眞的有一戰成名的感覺！不只我的長官嚇一跳、就連我自己都不敢置信，我竟然辦到了。

每個人的人生都有機會和命運，深感自己運氣眞好之餘，也慶幸自己始終鍥而不捨，當機會來臨的時候，才有可能抓住它。

Lesson 3

創造自己最大的附加價值

靜下心來想想，人生何處不是要仰人鼻息呢？或多或少或輕或重的差別而已，當感覺受到不平等待遇時，別急著硬碰硬，冷靜下來，分析自己的優劣勢，創造自己的價值，傾斜的天平，絕對還是有可能慢慢回升的機會。

在擔任業務ＡＥ之前，我唯一的工作經驗是來來飯店櫃台與禮賓公關，唯一與時尚雜誌相關的就僅有一紙學歷，就只是一張服裝設計文憑。後來這份業務ＡＥ工作對我的壓力之大，勞心勞力之程度，遠遠超出我當初的想像與心理準備。

我生平第一次拜訪客戶，便嚐到面試我主管口中所說：「仰人鼻息的滋味」，果真是很不好受。

爾後在會議室無止盡枯坐或被客戶放鴿子的時候，還是必須笑臉迎人，並要忍受客戶莫名其妙的盛氣凌人，委屈不能透露在臉上，一切苦要往肚裡吞，回到自家公司時還要被嘮叨，辯解無效的苦，出刊前夕毫無警訊的抽稿，仍得要低聲細氣的應對，諸如此類的業務小ＡＥ生涯的各式樣態，各種悲情戲碼，三不五時就要上演，我一而再、再而三地輪番體驗著。

辛酸累積到一定的程度後，我才終於明瞭，這就是想要成爲一名成功業務人最難跨越的關卡，撐過了，成爲百萬ＡＥ的光環和實質利益，就有可能垂手可得，但從這個考驗中敗陣下來的話，之前所有努力與受苦都會白費了，我不能讓受過的苦、流過的淚沒意義。

我當時立志要闖出一點成績，像是過河卒子沒有退路，一切硬著頭皮往前衝。難道仰人鼻息眞是廣告業務人的宿命嗎？一定還有別的出路！在關鍵時刻總會適時被激發的堅毅性格一定會出現，我相信事在人爲，不可能沒有解決之道。

於是，我分析自己的優劣勢，相對於一般應對往來多半基於互利準則的角度看來，業務人每每一見面就要客戶花銀子上廣告的行徑，也難怪更容易碰到「仰人鼻息」的狀況，而要挽回這個劣勢的方法只有一個：創造自己的附加價值。

我想通之後，開始調整跑客戶的作法，一律將客戶視爲朋友看待，不談廣告時，也經常抽空登門拜訪，就當做找朋友聊天串門子聯絡感情，客戶有任何專業上需要幫忙的地方，像是設計廣告版面、搜集相關雜誌報導、結合客戶商品與報導內文、企劃行銷策略方案等，我都義不容辭全力以赴，甚至有時連能力範圍內可以幫忙的私事，我也樂於參一腳。久而久之，不少客戶成了私交甚篤的朋友，其他就算只是維持公誼往來，客戶們也不再將我視爲只想獲利、吝於給予的業務人。

雖然，無法百分之百改變仰人鼻息的業界生態，但至少做到了讓客戶與我們之間的人際天平愈趨向平衡的狀態，足以抬頭挺胸的在這個業界立足。回想起來也覺得挺有趣，誰也想不到這仰人鼻息的積習，反倒成爲我邁向百萬 AE 的原動力。

其實靜下心來想想，人生何處不是要仰人鼻息呢？或多或少或輕或重的差別而已，有時候可能來自長輩朋友，更常來自於職場上的老師主管或客戶，有時甚至來自強勢的另一半。當妳感覺受到不平等待遇時，別急著硬碰硬，冷靜下來，用點小智慧，分析自己的優劣勢，創造自己的價值，傾斜的天平，絕對還是有可能慢慢回升的機會。

Lesson 4

為隨時而來的機會做好準備

我在外人眼中或許是平步青雲，但過程其實是屢敗屢戰。我的人生要謝謝這次自己的勇敢，只要敢舉手，機會就是你的！

因工作關係我常跑兩岸三地，接觸到很多華人新世代，相較之下，台灣的年輕人有創意、富感性，但往往過於害羞！我想分享一個「勇於舉手」的小故事，希望能夠激勵年輕人在尋夢的路上「勇」不放棄。

當年我還是小ＡＥ的初期，因爲我創造「爲台灣女性加油」這個標語成功拿到中國石油這家客戶後，菜鳥終於有客戶了，但我還是沒有機會接觸國際美妝大品牌，不過，機會是給準備好的人。

因爲曾在喜來登大飯店的工作經驗，加上因家庭因素在美國住過兩年，我的英文會話勉強還行。有一次，雅詩蘭黛集團的高階主管訪台舉行媒體派對，雜誌社長官希望我一起同行，可以幫忙協助翻譯。派對進行中，有位外籍主管突然敲敲杯子對全場賓客說：「我今天準備了禮物，我們有個命名活動，五個字，誰可以想出來，我就把這個禮物送給他！」因爲雅詩蘭黛剛好有一款化妝品香水「Knowing」全新推出，這招眞的很高明，既能炒熱氣氛，也能直接測試一下媒體，到底對這個名字有沒有感覺。

套句時下的流行語，我也不知道自己的腦洞打哪兒開的，竟然在五秒鐘之內突然舉手並說出：「盡在不言中！」有時候想想，我的人生還得要謝謝這五個字！因爲「盡在不言中」這句話，我的識別度提高了，全場上百人，結果不只化妝品集團的貴賓注意到我，怡佳集團台灣區朱怡總經理、我的老闆也都注意到我；後來，美商怡佳集團旗下包括雅詩蘭黛 Estee Lauder、倩碧 CLINIQUE、雅男士 LAB SERIES 等等的廣告，全部都由我負責，三個月後，我從菜鳥 AE 升上了副理。

我覺得自己眞的是運氣好，加上貴人相助，但是脫口而出的五個字，其實並不是空降而來，多多少少得靠著平日對周圍事物的觀察累積，最關鍵的一件事是：我勇敢舉手了。照理說，依我原本內向的個性，根本不可能，也不敢舉手。我從小念書就是隱形一族，老師如果提問，我就算知道正確答案，也不會主動舉手，除非是被點名回答，否則我永遠是台下安靜的學生。但是那時候，或許是做廣告實在是太辛苦，覺得自己好像看不到未來，心一橫想說管他的，講不好就算了！突然神來一句，加上當下不知哪來的勇氣舉手。意外獲得青睞，讓我得到了獎品、也得到了機會。

就這樣，主管眼中的我，雖然是菜鳥一個，但是陸續拿到中國石油、櫻花牌熱水器這些不可能的客戶，相信化妝品更難不倒吧？任何客戶都可以給她試試吧？外人眼中或許是平步青雲，但過程其實是屢敗屢戰。

而且因爲這個「勇於舉手」小故事，我跟當年是雅詩蘭黛集團同仁，現在是 Bobbi Brown 與品木宣言台灣區總經理的 Joyce，至今仍是好友，仍然因不同專案有合作機會，當時我們兩個小女生經常在星期六，站在台北市馬路邊的路燈下校對廣告稿，這些辛苦的過去與交情，累積到今天都是很珍貴的。

所以，當機會出現的時候，請記得為自己勇於舉手！

Lesson 5

讓機會跨出去 看見另一種可能

人生有時候也是一種賭注，評估停損點，最慘、最糟的狀況是什麼？自己是否可以承受？如果算一算手上的籌碼，有勝算的條件，不妨就放手賭一把。

一份薪水，什麼都做的傻子！

照理說，跑出高業績，從小AE成為業務主管，每個月有高額獎金可以領，應該很滿足了。但內心有一個聲音始終蠢動，不希望自己永遠只是做廣告，想要涉獵更多不同的領域。這樣的渴望，在我擔任ELLE雜誌和VOGUE雜誌的業務主管時，出現了轉機。碰巧公司內的公關經理和行銷經理先後離職，懸空的職缺無人代理，我便自告奮勇向老闆提議：「我可以兼著做，不用加薪，如果你願意給我機會，我想試看看。」

可能有些人不瞭解，業務跟一般的職務，薪資結構有點不同，做主管的業績獎金不一定比部屬高呢！很多月領百萬、甚至千萬獎金的超級業務員，不只薪水獎金高人一等，能力也是不輸頂頭主管。主管的工作涵蓋人事、行政、業績，還要負責溝通協調，經常吃力不討好，也難怪很多超級業務員要錢不要權，因爲「權責、權責，有權就有責」，大部分的業務寧可領獎金，安樂過日子。

既然如此，爲什麼我不打算一直待在第一線做廣告？主因是業務經理的身分，讓我得以橫向接觸到編輯、行銷、公關各部門的事務，從落版到出刊，以至行銷公關，慢慢地，我對於怎樣能讓雜誌賣得更好，如何結合活動等產生濃厚興趣。

毛遂自薦的我，聽起來好像很貪心，其實只是想要給自己的人生加入不同挑戰，這些挑戰不是以錢爲主，而是看中它的涵蓋面更廣、能學習的東西更多。或許，在成就感之外，將來它也可以讓我賺到錢，因爲它有未來性。當然，新的挑戰也可能會遭遇失敗或是讓我跌一跤，但是沒關係，這點承擔的肩膀，我是有的。所以開始做主管後，業績獎金沒有以前領得多，可是我告訴自己，人生要有捨才有得，唯有懂得、也願意捨得的人，才有機會跨出去看見另一個可能。

很多時候，機會是自己掌握的，老闆聽到「兼職，不用加薪」肯定也會在心底敲一下算盤，那些工作橫豎要有人做嘛，既然沒有要求加薪，而且是兼職，試試又何妨？如果不適合，頂多再找人來就行。於是我同時做了業務、行銷、加上公關；三合一的歷練後，最後我變成副總。剛開始大家覺得我是傻子，一份薪水，什麼都做。但是我不覺得吃虧，多做一點事情也不覺得委屈或不平。不過很高興做出成績後，老闆也沒有虧待我，這大概就是傻人有傻福吧！

從雜誌業務到行銷公關

我的個性就是好奇寶寶，永遠想要嘗試新的學習和挑戰。當年做雜誌的行銷公關，主導舉辦了幾個大活動，包括 PEOPLE 的奧斯卡嘉年華、ELLE 雜誌的女性電影展。如果只做業務，我就接觸不到這麼多，我是一個喜歡好玩事物的人，充滿好奇心，做女性電影展、奧斯卡嘉年華，心裡只想著：哇，可以認識那麼多在電影界的人！活動愈辦愈有心得、也愈玩愈大，甚至還辦了台北市第一屆的跨年倒數計時晚會——初生之犢不畏虎，我跟如今三立電視台的行銷副總張正芬，兩個小女生，爲了營造像紐約時代廣場般的歡樂氣氛，就在遠企購物中心門口辦了第一屆的跨年倒數計時晚會。

動員了幾十個單位，大大小小的會議每天開不完，那時只有三台電視頻道，普通的民間活動要出動SNG車簡直是不可能的任務，我只好效仿劉備，三顧茅廬終於說服當紅節目「玫瑰之夜」的製作人俞凱爾大哥，完成這項台灣跨年活動的創舉。現在想起來，當時真的累到死，可是累得好開心。隨著全場倒數的那一刻，我看到現場那麼多夥伴、民眾，一起仰望煙火許願、彼此祝福擁抱，內心激動澎湃，久久無法忘懷。第二屆開始就由市政府接手主辦，一直到現在，已經變成台北市的傳統，甚至全台各縣市也開始舉辦自己的跨年場。

一系列活動辦下來，經驗值有了累積。加上很多公關公司經常來找 VOGUE 和 GQ 合作，變成我們一天到晚都幫別人辦活動。

老闆心念一轉，覺得既然可以幫人，我們好像也可以自己做——於是決定開一家公關公司，由我來負責。於是雜誌社的工作之外，我另外兼職擔任起第一任樺舍公關的總經理，也是我正式一腳跨入公關領域的開始。這個轉彎來得自然，全要感謝老闆這麼信任我，也謝謝我自己這麼勇敢。

人生有時候也是一種賭注，評估停損點，最慘、最糟的狀況是什麼？自己是否可以承受？如果算一算手上的籌碼，有勝算的條件，不妨就放手賭一把。說不定我內心有一點小小的賭性呢！但這不是亂賭。

以我爲例，轉戰到公關行業，初期肯定辛苦，比起可以領高額獎金的業務員，似乎不是好主意。但是擔任主管或是跨足公關行銷，歷經更全面的磨練，有一天可能會變成副總、甚至總經理，有沒有可能？當然有可能。我的停損點是，隨時可以回頭做業務，只不過中間歸零會流失一些資源，錢賺得比較少、比較慢。跟我同期打拼的業務夥伴，有人一路堅守崗位奮鬥，賺到了財富和生活的自由度，我則是體驗到不同的風景，兩者沒有孰好孰壞，全看每個人的拿捏取捨，想要過什麼樣的人生。

Lesson 6

為自己找到可敬的對手或前輩

一

工作戰場上，妳需要為自己找個可敬的對手，或是值得仰望效法的前輩對象，不但可以化解踽踽獨行的孤寂，也是一股鞭策砥礪自己的最佳驅動力。

偶爾會碰見當年和我同時踏入廣告業務、並肩作戰的好友。這許多年來，她一路走來始終如一，依然堅守在雜誌廣告業務的位置，也仍然是行情極好的百萬AE，而我則早已在一念之間的抉擇後，走不同的職場之路。

見了面，有時也會互相調侃對方：「哎唷！當大公司高階主管，身價不同了唷！」「哪有？還是妳聰明，專心賺錢就好，不必操心人事財務這些傷腦筋的問題。」但我們彼此心裡都清楚，這是適情適性的人生選擇，只求心情愉快就好，沒有對錯好壞之別。

同甘苦的成長歲月

儘管世事隨著時光流轉變遷，每每回首來時路，我心裡其實滿懷著感謝，在我那段從頭做起、吃苦當吃補的慘澹歲月裡，有這樣一位強手的出現及存在，讓我在沮喪失意時，有可以砥礪的目標；在風光得意時，不致於忘形；在受挫失敗時，有人可以切磋；在低潮鬱悶時，不會放肆的沈淪。

我們的結緣始於《BAZAAR》雜誌廣告部，同年同月同日同時報到，成爲廣告業務的新兵菜鳥，兩極的個性、處事風格和抱負，卻因而滋生出一段亦朋友、亦對手的特殊情誼。

基於新手團結力量大的生存法則，我們經常腦力激盪，爲彼此的跑廣告戰略想點子獻計策；挨了主管的罵或受了客戶的氣，我們替彼此打氣抱不平；不小心捅了簍子，當然更是義氣的互相掩飾；可在結算業績時，我們也不免要在內心暗暗較勁，誰也不想屈居下風。在這樣一種混合著革命情感及良性競爭的奇妙互動中，不知不覺地，我們一起逐漸成長，從默默耕耘、有淚只能往肚裡吞的小AE，壯大成爲足以獨當一面，成績亮眼的超級業務人。

經常會想，如果這一路上沒有她的出現，那麼我還會是今日的我嗎？更好更壞沒有人知道，但可以肯定的是，我絕對不會是今天的我。這是一種人生難能可貴的緣分。

我很高興有這樣一位可敬的對手，也許也是因著這樣的共事經驗，讓我在擔任主管時，對於公司文化裡的小團體、勾心鬥角的惡習極爲厭惡，對於一些爲一己之私，搞排擠分化小動作的行爲更難以苟同。我一直覺得，打壓別人、踩在別人的肩上往上爬，只會削減團隊的戰鬥力，唯有互相敬重的良性競爭，才能帶動無論是個人或公司更大幅度的進步，與其花心思浪費時間精神搞鬥爭，還不如將時間心力拿來提升實力，那樣最後的勝出將更有意義、也更持久。

指標性人物也能砥礪自己

所以，當身處的職場環境裡有一位與你的實力、資歷都在伯仲之間的對手時，請按捺你的嫉妒和排擠之心，相反的，你應該珍惜這個難得的機緣，人都有遇強則強、遇弱則弱的本質，可敬的對手，絕對是激發潛能的最佳媒介，這樣的對象和貴人一樣，找不來也求不得的。

如果在你周遭並沒有這類人物出現，那麼不妨退而求其次，在想要有所成就的領域裡，尋找一個指標性人物，就像我常以雖然無緣熟識，但卻有幸從其所著的書中學習處世智慧和卓越遠見的前亞都飯店總裁嚴長壽，作爲仰望目標一樣，客觀理性地分析歸納出彼此之間的距離，然後針對自己不足之處加把勁，努力跟上腳步。無論是可敬的對手也好，仰望的對象也罷，別讓他們在你的立志路上缺席，有了他們的激勵，你將走得更出色、更起勁。

她曾對我說，當時因爲我不在旁邊了，她就失去了競爭動力，我也感謝她在我旁邊的那段時光。

Lesson 7

出現狀況是常態，完美無缺是理想

出現狀況是常態，完美無缺是理想。我學會著這麼告訴自己。既然無法改變現實，那麼只好試著調適自己，用平常心的態度來面對每一天。

不知是幸還是不幸，我所任職的行業，似乎注定要與突發狀況、危機處理和解決問題糾纏不休。在雜誌任職廣告業務時是如此，在公關行銷的跑道上，情況似乎只有變本加厲的跡象。

公關的業務中有靜有動，靜態講究長效，牽涉層面比較少，較不容易失控，動態講求的是追求某個時空點的完美呈現，所以在最短的時間內，動員上千人力、結合數十家廠商、砸下千百萬預算等，都不是件稀奇事，而我，這個經常擔任指揮全局肩負成敗的角色，說眞話，實在不是件好差事。每次出任務，我得全神貫注，耳聽四面眼看八方，當然還得武裝起夠強悍的心臟，因爲只要環環相扣中的一個小原件脫軌演出，我就得立刻上場擔任救火隊。

公關苦練獲得隨機應變大魔法

還記得有一次替浪琴錶舉辦一百七十週年慶記者會，現場特別請到代言人劉嘉玲來進行切生日蛋糕的重頭戲，一直到記者會開始前的一個鐘頭，一切都進行地相當完美，場地依照主題精心佈置就緒，主角劉嘉玲也即將到場，我稍稍放下心中的大石；可是，就在事先向某知名蛋糕店預訂的豪華三層蛋糕送達揭開時的那一剎那，我覺得快崩潰了——不就是擔心會出差錯，所以附了國外的照片參考嗎？怎麼會這樣！我口中唸唸有詞，那蛋糕簡直花俏到近乎俗氣的地步，沒有感覺到絲毫氣派，和浪琴表、劉嘉玲及整個會場所傳達的優雅美麗形象，完全格格不入。

「筱鴻姐，怎麼辦？現在重做肯定來不及了！」工作人員只差沒哭出來。

「這件事請大家暫時先保密，別驚動客戶，我來想辦法就是！」我力保鎮定地說，然後在幾秒鐘的思考時間內，想出一個也許可行的應變之道——我緊急打電話給會場飯店的公關主管，幸好她是我的好朋友，拜託她請飯店的點心主廚幫個忙，拯救這個令我瘋狂的蛋糕。

「主廚先生，麻煩你了，請把蛋糕外頭那些花花綠綠的贅飾全部刮掉，整個蛋糕我只要白綠兩色，其他要怎麼裝飾就由您全權幫我處理，簡單大方爲最高指導原則，並且請用蛋糕蓋當做底座，全部綁上銀色緞帶讓它加高，拜託拜託！」我見了主廚，迅速精準提出要求，而主廚也二話不說立刻照著我的需求動作起來。

到了切蛋糕時間，高雅的蛋糕引起現場一陣驚呼，所有工作人員個個露出難以置信的眼神，無法想像在短短的一個小時之內，我究竟對蛋糕施了什麼樣的魔法。其實只不過融合運用身經百戰所儲備的機智，以及之前在美國烘焙糕點的實戰經驗而已。當然更要感謝好友、貴人的幫忙。

高貴的劉嘉玲，優雅的浪琴表，美麗的生日蛋糕，爲記者會劃下完美的句點，客戶也對活動結果相當滿意，如果我不說，沒人知道記者會前，我度秒如日的焦急心情。

諸如此類的突發狀況，在公關工作裡簡直層出不窮，無論我在活動前預演多少遍，計畫多周詳，總難免還是會有百密一疏的扼腕情況，這著實讓我這個求好心切的處女座A型人適應了好一陣子。

從每次的危機處理中累積經驗，強化判斷力

出現狀況是常態，完美無缺是理想。在職場打拼多年來，這句話是我最深刻的體驗，也是常用來警醒自己的箴言，也可能是

自己的個性使然，如果不是因爲有這樣的領悟，我大概早已傷痕累累的敗下陣來了。

在不停止的危機處理中，我總是告訴自己，既然無法改變現實，那麼只好試著調適自己，用平常心的態度來面對每天、每個突發狀況，太「ㄍㄧㄥ」其實是和自己過不去而已。每一次的危機相信都會有解決之道，問題就在於妳能不能從每次的危機處理中累積經驗，強化判斷力，並且在最關鍵的時刻保持臨危不亂、急中生智的從容不迫。

直到近年來我才發現，這種心態的轉變及調適，其實也有助於面對人生裡的波折起伏，如同妳無法期待公關活動波瀾不驚，現實人生也不可能一帆風順。可是當妳隨時有面對突發狀況的準備時，如果一切順利完美，當然可喜可賀；萬一眞發生了，也不至於怨天尤人，反而比較能以一種兵來將擋、水來土掩的氣魄來面對。

Lesson 8

忍無可忍
繼續忍——

忍不是萬能，但不忍萬萬不能。忍過去，才能見到海闊天空，忍不過去，什麼都見不到。在某些時刻、某個場合扮演某種角色時，你必須將忍變成磨練自己的藝術。

如果有人問我，做到總經理的終極祕訣是什麼？我腦子裡大概會向跑馬燈似的閃過不下十個關鍵字，可是，如果只能選擇其中之一，那麼我的答案是忍、忍、忍。

爲什麼？

從任職ＡＥ的第一天，我就很識時務的「忍」，一直到創業開公司當總經理、現在擔任大公司高階主管和節目製作人，還是無法擺脫有條件忍耐的命運。所以幾乎可以下這個定義論：忍不是萬能，但不忍萬萬不能。

熟識我或曾和我共事的朋友，大概或多或少都曾見識過我的忍功，有位文壇才女也曾經對我深不可測的忍功大感佩服。多年前，我們曾同時任職某雜誌集團，經常聯手出擊向客戶主動提案，有一次在和客戶唇槍舌戰的交手過後，回公司的路上，她以一種有點佩服、但又有點不可置信的語氣告訴我：「天哪！妳會不會太委屈、太辛苦了，什麼問題都得回答。」我知道她是在為我打抱不平，但事實上，如果不能認清每個人不同的工作性質及角色扮演，又該如何往前邁進一步呢？

沒多久後，這位才女同事就離開了公司，朝著她專職寫作之路繼續邁進，成爲暢銷作家後再成爲優秀主持人。我則在我的路上繼續忍著、努力著，多年後我們重逢，我也變成主持人、更成爲電視節目製作人，「忍」可能讓我的路走遠些，也走得更寬，不是嗎？

忍的藝術和價值

誰不喜歡有脾氣就發，有不滿就理直氣壯的講明白，可是有時候在某些時刻、某個場合扮演某種角色時，爲了責任、爲了大局、爲了圓滿，妳必須將忍變成磨練自己的藝術，並且要有階段性。

當我還是雜誌社小AE時，每個月都出刊，以前沒有打包機，就是我最痛苦的時刻，重得像磚頭的雜誌，得一一捆綁，然後或郵寄、或親自送達客戶手中。在這過程裡，我的手腳肌膚常常是東瘀青、西割傷的，想要成爲百萬 AE，不忍行嗎？這是所謂「小忍」的階段，要清楚這個階段的任務就是基礎工作的磨練。

在某家汽車公司舉辦的北、中、南新車發表演唱會，我們邀請包括王菲、杜德偉、梁詠琪、許茹芸等多位大牌歌手明星參與演出的場合，光是參與的工作人員就幾百人，因爲不同單位，包括我在內的數個總指揮，其中一位仗著明星光環便對別人頤指氣使的執行製作，在彩排時不管三七二十一，拿起麥克風當衆就對著我又吼又叫，我當時氣得淚都要飆出來；如果眞要隔空對罵，絕對可以壓下對方的氣燄，但是那樣的時刻場合，如果不忍下來，馬上要開演的活動就會破局，所有努力籌備也化爲烏有。於是我還是選擇忍耐著，不假辭色、不帶情緒的告訴她，我對活動的要求及期望，也希望她多配合。這是「大忍」，大忍是爲了大局能圓滿完成。

難度越高，未來的回報越大

有時候，明明自己在理字上站得住腳，可是還得爲了顧全大局而忍氣吞聲時，是最高難度、最高境界的忍耐，是一輩子再多練習個幾天也無法熟練的技能，可是換個角度想，上天也是公平的，通常愈是高難度的忍耐，可能會爲你帶來愈大的回報。

我與某家公司的合作契機，就在一次策略聯盟合作提案會議上。當時與會的某男性主管，大概是我所碰過對女性最不尊重的男性之一，言談之間很多對女性的批評，完全無所顧忌地流露在言談舉止之間，在有條件的前提下，就算忍無可忍，請還是繼續忍吧！不僅如此，對方基本上就對許多事物抱有極深的成見，再加上無法信任他人的個性，使得與他之間的溝通，成為我最痛苦的夢魘，常常都是為了開會而開會，耗了半天，沒有半點建設性。

面對他的百般挑剔和強辭奪理，我的情緒幾乎被逼到即將爆發的邊緣。當時要不是念在受人之託、忠人之事的份上，場面也許很難看，但為了維持結果論，最後還是選擇忍了下來。小不忍則亂大謀，在場的其他公司高層看在眼裡，也因而打開了更多不同的合作之門。

在有條件的前提下，就算忍無可忍，請你繼續忍到最高點！忍過去，才能見到海闊天空，忍不過去，什麼都見不到。職場處處需要忍耐的毅力，很多年輕人或許困惑這值得嗎——怎麼會不值得？

忍字心上一把刀，忍過去，你就百毒不侵、刀槍都傷不了你，這樣的能力不是價值兩字能呈現的，相信我。

Lesson 9

讓打擊變成
奮力跳起的動力

尋求突破困境時，我找出自己的優勢和機會點，想想哪些條件是我的優勢、劣勢、機會點、威脅點，並放下對立，讓每個人都可以是我的老師。

我一路從雜誌小AE做到VOGUE、GQ雜誌集團的行銷總經理與樺舍公關總經理，在外人看來，我似乎已經達到頂點。照理說，達到這個位置，應該也不會想要再做改變，因爲這已經是全球屬一屬二的時尚媒體。可是我的個性永遠是求給自己不同的挑戰，年紀正值充滿活力的我，開始考慮是否要離開舒適圈，自己創業闖一闖？是否再給自己一次冒險的機會？

不過，自己當老闆需要很大的勇氣和承擔，我眞的不確定自己是否有這個能耐？是否已經準備好了？因爲我可是個沒有富爸爸、沒有額外資源的平凡上班族。

沒想到，就在我心思蠢蠢欲動的時候，一位任職大公司財務長的好友的姐姐 Nancy 說：「成立一家公關公司，最重要的是主事者的腦袋，我認爲妳可以的！」，當時她給了我最大的鼓勵，而老天爺也在這個時候推了我一把，但繼之來的卻是一個大考驗。

我從小是一個愛哭的女生，但個性中也有非常倔強的一面。當時，每天在公司面對滿檔的活動和工作，還是咬著牙打起精神一一處理，不曾對身邊親近的同事和朋友主動提及個人的私事，旁人也絲毫感覺不出異樣，但我其實正身陷親人的經濟壓力危機中。

要往前走，就要解決問題、找出解決辦法。我想了很久，除了自己創業開公司，沒有其他辦法可以賺到更多的錢。尋求突破困境時，我用了SWOT分析法，找出自己的優勢和機會點，想想哪些條件是我的S優勢（Strength）、W劣勢（Weakness）、O機會點（Opportunity）、T威脅點（Threat），我一直想、一直想，想出了更多力量和勇氣。

雖然我動過創業開公司的念頭，但始終只是念頭無法下定決心，但經濟壓力這臨門一腳用力踢了我，逼使我冒險跳下，努力積極死命往前衝。

在開公司的同時，我更受到無情的打壓及磨難，讓我一度一邊承受巨大壓力，一邊仍要應付種種與我毫無直接關係的官司，突然間，我對挫折毫無畏懼——受打擊沒關係，我倒下、再慢慢爬起、最後蹲著，我知道自己需要更用力才能重新站起來，如果我能把它看成彈跳前的準備動作，此刻的挫折就是奮力跳起的動力了。

職場上，難免會有這樣的對照組：家庭環境的好壞，跟拼命的程度是反比，將心比心，我非常能夠理解這樣的結果。因爲壓力也是動力，如果家境很優渥，還能夠做得比別人努力，眞的很令人佩服，代表努力完全是靠自我激勵。

人生際遇難料，我相信老天爺關了我一道門，會爲我再開另一扇窗，那扇窗就是我後來自己當了老闆，創立「知申公關顧問公司」與現在的「鴻宣時尚娛樂整合行銷公司」，雖然窗戶打開了，但是我心裡比誰都明白，我必須加倍努力與堅強，人生不僅要鐵打，更要千摔不碎。

第一次當老闆的震撼教育

不過第一次當老闆，這個頭銜眞的帶來很多震撼教育，不說別的，光是資金周轉就是一件非常恐怖的事情。

因爲公關公司辦活動，得先幫客戶墊很多的錢，包括舞台、燈光、音響等前置作業，還有很多過程中看得到、看不到的投資成本。這些都要有氣概和肩膀，否則很難扛下來。

人員則是另一個考驗，不只員工同仁，承辦一個大型的服裝秀或公關記者會，還要動員很多工讀生，就連對口單位、協辦廠商等人員也得面面俱到的招呼，要整合的人事物愈來愈多。以前碰到事情可以說「老闆說」、「回去請示老闆」，如今別人有問題，找的就是我，後面沒靠山了。甚至有時候，不是自己的業務也得硬著頭皮挺住。曾經在成都辦一場大活動，結果出了問題差點演變成暴動，當下沒有人肯承認自己就是主辦單位。明明我只是承攬公關的週邊單位，也只好臨危不亂，扛下現場所有責任，安撫觀眾情緒，用智慧化解危機，讓現場的所有人定下心把事情做好，阻止了一場暴動的發生。事後，真正的主辦單位，私下對我表示了感謝。

若要問我，爲什麼可以在那麼短的時間內，做出判斷並且下達指令？而且我怎麼知道自己下的決定是對還是錯？除了人生和職場累積的經驗值之外，決策更需要倚賴邏輯能力。我的腦袋會迅速想過：最慘是什麼情況，我可不可以承受？先設定好停損點。只要在可以承受的範圍內，我都不覺得是失敗，因爲在很短的時間內，我們要追求的是「相對比較好的決定，而不是最好的決定。」

這樣快狠準的思考模式，部分也得歸功於我的職業，因爲公關公司的評價非常殘忍直接，每次做完活動，第二天馬上見報，成績立見，壓力眞的非常大！而當老闆也考驗著忍功的極限，別以爲老闆很逍遙，可以任意而爲，其實老闆更要懂得吞忍的學問。

不只我自己要忍別人所不能忍，每當同事受不了客戶的要求時，我也會這麼說：「換個角度，將心比心，他有他的老闆，他的壓力也很大啊！我們大不了就不再做這個案子，對他是永遠的工作，事情的成敗是他在公司的紀錄，所以他的壓力比我們還大，這點是可以理解的。」我不是聖人，被罵時也有情緒，但看待事情總是有不同的角度，與其生氣，我寧可用正面的想法化解自己的怨氣和怒氣。偶爾我也會回頭安撫同事：「好嘛！好嘛！不然下一次我們也來射飛鏢（怒甩企畫案）」。很奇妙，往往我這麼說，氣頭上的同事反而露出笑顏。讓同事感受到我的同理心，不管對客戶還是同事，這樣的同理都是必要的。

一旦放下對立的執著，每個人都可以是我的老師。我覺得自己很幸運，服務過這麼多客戶，每個客戶的來頭都非常大，從服裝業、精品業、航空業到家電業等等，客戶對我提出的種種要求和意見，幫助我更瞭解各行各業，所以我會說：「客戶是我們的職場老師，也給彼此永遠教學相長的機會。」

所謂的職場競爭力，原來是打了一場又一場的仗所累積

在舉辦公關活動期間，經歷了世界名模克勞蒂亞雪佛爲「OTTO」中誌郵購來台代言；「Hollywood underground」餐廳開幕時，衆星雲集打扮成好萊塢巨星；首次在士林官邸舉辦的

「Liata」汽車「妳愛他、她愛你世紀聯合婚禮」；在台北大安森林公園的我愛 March 汽車活動，從電信業、手機業……大大小小各品牌不計其數，服務過包括植村秀、SKII、蘭蔻等各大化妝品客戶，其中「AVON」雅芳化妝品，多年來一系列的產品記者會，和雅芳一路走來的承諾日慈善活動「讓撞衫成爲一種美德」，每年都和四大公益團體募集上千萬的款項，從不間斷；另外包括「DTC 鑽石諮詢中心」所發表的各項活動，以及「藍鐘集團」和豪宅仁愛宏盛帝寶所舉辦的精品派對，我也曾應邀世界黃金協會擔任北京、上海廣州的主要發言人（Keynote speaker）；在上海國際服裝節（TFDA）設計師協會於新天地所舉辦的大型服裝秀擔任主持；台北、北京、上海「雷達錶」（RADO）費翔代言人記者會及晚宴；台北、北京、上海、廣州「Up2U」彩妝品牌蕭亞軒代言活動，並選拔「Up2U girls」上台走秀成爲明日之星。

憑藉過去在時尚雜誌累積的人脈與經驗，也感謝很多貴人朋友的支持幫忙，讓我很快地在業界找到一個可以發揮的空間。國內主要幾家的化妝品、精品都是我的主要客戶，每次活動都辦得有聲有色。

不僅要辦得有聲有色，更要不斷創新活動內容，像當時麗晶精品許淑敏協理，現已是法國品牌「Longchamp」台灣區總經理，是當時相當支持我的長期客戶，她非常要求細節，也要求每場活動設計規劃都要有新挑戰，這些細節和挑戰讓公關公司更專業更有能耐應付所有大小事，而在活動合作中我們也接觸到許多港台影劇圈的大明星，像是鍾楚紅、關之琳、楊紫瓊、費翔等巨星，舉辦一場又一場的頂級饗宴。

跟客戶一起打過無數艱辛又美好的仗，當時大家是出生入死的夥伴，而許多當年的客戶現在變成好朋友，也分別任職於企業或品牌的高層主管。現在想想，所謂的職場競爭力，原來是打了一場又一場的仗所累積的！

Lesson 10

吃過苦的能量
賺到另一個新人生

很多時候無所求，沒有要得到什麼，只是努力投入在當下，無愧於己、無愧於人，事情的發展反而會帶來美好的緣分。

隨著自己的公關公司營運開始穩定，我又想要改變迎接新挑戰。

特別是在接觸過許多國際時尚品牌後，我希望有機會和國際接軌，所以在二〇〇四年舉辦「Elite Super Model Look」。這個活動已經進行好幾年，也逐漸被國內大眾所熟悉，但當時卻是從無到有、憑空創造，由我獨資舉辦的台灣區選拔賽，要選出一位總冠軍，代表台灣前往上海參加 Elite 世界名模大賽，在伸展台上跟其他六十五個國家、一共八十位頂尖名模角逐該年的世界名模頭銜。

整合資源跟國際接軌

當時引起國內時尚圈的高度注目，因爲像辛蒂克勞馥、克勞蒂亞雪芙這些世界級的超模，都曾經是 Elite 世界名模選拔賽被發掘的時尚新人。很多人一開始以爲我們是在辦「選美比賽」，而想要扭轉這個錯誤印象的信念，成爲我咬牙苦撐下去的動力。因爲我的目標是讓更多喜歡時尚的年輕女孩，有機會走上國際的伸展台。

記得在記者會上，我是這樣說的：「名模不只是美的象徵，她們也是很專職的表現，模特兒選拔不是選美，模特兒是一個專業行業。」「Elite Model Look」在國際時尚界佔有極爲重要的指標地位，爭取它的選拔資格，是爲了讓國內嚮往走上國際舞台的女生，可以有機會一圓美夢。

爲什麼我要做這件事？除了想嘗試不一樣的東西，覺得這個活動充滿挑戰和樂趣；對我來說它是「整合國際時尚資源」的經驗。同時更重要的是，做 Elite Super Model 等於是幫我自己進行各項資源整合，所以我的成功機會比別人大一點，因爲很多條件和資源我已經累積齊備。但即便如此，過程中還是遇到許許多多挫折，外表看似一切完美風光，但其實不然，我得付出加倍的努力，背後有許多故事和代價。

二〇〇四年的「Elite Super Model Look」選出林又立代表台

灣出賽，開啓了她的名模之路。而我辦活動花了大筆資金、心血和精力，甚至還被很多人笑我很呆，辛苦做事還不打緊，還無端的捲入一場照片紛爭，在這個過程讓我看到更多人性面，讓我成長許多，當時一面要忙著做活動，一面要去法院，有理說不清，除了無奈之外，也只能當作修練，增強自己的抗壓性，總算釐清了所有的狀況，還我公道。如今回頭看那段日子，感謝它磨練了我具有更高的抗壓能耐。

當時身旁朋友們爲我抱屈，覺得我辛苦做白工。但我認爲既是自己的選擇，無論如何都要熬過去。當時因爲是獨資舉辦，經費不足之餘不斷努力找贊助商，我拜訪一〇一提供場地，尋找台北市政府、《TVBS電視台》《TVBS周刊》、《中國時報》等公家和私人單位的協助，把這些力量聚集整合，需要相當大的耐力和毅力，這項空前挑戰，可說是我投入公關領域的集大成，爲了讓它順利圓滿，我幾乎使出過往累積的全部資源。

雖然我以前沒有指導過模特兒走秀，但因預算有限，我也硬著頭皮上場協助這些前來徵選的參賽者，從如何化妝、髮型、造型到走台步，從四百多位報名者選出四十個女孩，和團隊們一起親自教導、訓練她們，也找各方面的專家朋友幫忙，磨練她們的同時，對我自己也是很大的學習，每天在外開會協調，轉身還要像大姐姐般，跟這些小女生互動溝通，身心都累到極致。

很多人對於女人領軍的團隊，常虧笑說是花瓶風景，面對這些，早已習以爲常並練就一身高 E Q 的我，總會開玩笑回應：「我們是美少女戰士加神力女超人」。

所有辛苦過的，到最後眞的都會成爲自己的能量。當年我硬著頭皮上場擔任大小事的統籌、甚至主持，沒想到這些經驗多年後運用到了我的電視節目，舉辦 Elite Super Model Look 雖讓我吃盡苦頭，但是這些整合資源的經驗卻仍然延續到日後成爲擔任電視節目製作人的能量，所以，凡努力過的都是值得的。

賺到另一個新人生

職場上有句話說：「戲棚下，站久就是你的。」不畏挫折風雨，獨自苦撐的我，因爲舉辦這個活動，幸運地被貴人注意到我的表現，爲自己賺到另一個新人生。

人生永遠要從正面去看待，過程雖然帶給我很多的挫折，但我一點都不後悔。爲什麼呢？因爲我做 Elite Super Model Look 活動期間，裕隆集團執行長嚴凱泰先生和陳國榮副執行長更加認識了我，帶給我人生另一個新契機。

當時 Elite Super Model Look 要找很多贊助商，中華汽車 Savrin 有個「幸福專案」要推有敞篷窗的新車款，我就冒出一個點子：如果讓四十位模特兒搭乘中華汽車，透過天窗凸顯漂亮高挑的身影，在台北市遊車河，那個畫面一定很美！這個點子看似來的自然，但其實這就是一種創意。我認爲這樣做，第一能達到新車的宣傳效果，也可讓更多人知道 Elite Super Model Look 的比賽；第二也有助於市容，增添台北城的美麗風景。於是，我就提案送給曾經有過數面之緣的裕隆嚴老闆。

嚴先生發現我一個小女子，竟然有勇氣獨資辦這麼大的比賽，不但有本事在台灣的新時尚地標一〇一大樓舉辦活動，還邀來了當時的馬英九市長、得到 TVBS 協辦、以及數十個單位的資源整合，搞定全部衆多的贊助企業和客戶，當然若不是當時所有好朋友們力挺，我小女子一人是絕對做不到的。但大概是這樣的膽識，讓他覺得這個女生應該還算厲害，於是後來邀請我到嘉裕任職。

面對盛情邀約，榮幸之外，其實更多的是惶恐。當然不敢啊！嘉裕是國內擁有四十年歷史的品牌企業，裡面的主管跟員工不管是年紀或資歷都是我的前輩級，我猶豫了所以婉謝他。

但是嚴老闆仍然持續釋出誠意，表示我若到嘉裕任職，仍可以保留自己原有公司的發展空間，讓我很感恩、卻也很不好意思。最終，心想或許這也是給自己一個新機會，讓生涯拼圖更完整，因爲之前從未做過品牌，而我又畢業於服裝設計科系，如果沒有做過服裝品牌，很多事情便將只是紙上談兵，不能自信的說自己是個資歷完整的時尚人！

所以可以這麼說，Elite Super Model Look 讓我賺到另外一個新人生。

對我來說，它的意義是無價的。並不是因爲現在的工作薪水和職務如何的了不起，而是這個位子有機會開拓視野，拉大格局，見識到另一個世界。最重要的是，這樣的結果並不是我原本預知的，很多時候無所求，沒有要得到什麼，只是努力投入在當下，無愧於己、無愧於人，事情的發展反而會帶來美好的緣分；如果，凡事汲汲營營，反而不一定能盡如人意。

時尚CEO的實戰講堂

PART II

小時候覺得拿粉筆的老師很厲害，現在有機會跟學生說話，成為別人的老師，是一件開心的事。

在無數多的經驗中，能夠到課堂上和同學們分享交流，對我來說十分榮幸。現在年輕朋友說：「筱鴻老師，請問：」，我都會很願意和大家分享我時尚人生的點點滴滴。但我也知道我只會越來越忙，時間越來越緊，所以我希望能透過文字，和年輕朋友分享交流寶貴的經驗。

Lesson 11

認識自己、瞭解自己、定位自己：How to Wen

在學校我的男裝成績只有六十二分，但我知道自己喜歡行銷服裝，所以一路選擇適合自己定位的路走，也不斷尋找挑戰自己的機會。瞭解自己、認識自己、定位自己，不管你繞了多少圈彎路，只要努力，都能找到自己的舞台。

年輕的時候，沒有一個人可以自信的說：「我是OK的。」即使到現在，我也不知道自己究竟可以評估自己的多精準、或是多瞭解，因爲我們每個人每天都在學習成長，但是如果從年輕時就比較懂得認識自己、瞭解自己，最重要的是懂得定位自己，然後慢慢嘗試調整，就算偶有失敗和挫折也沒關係，路絕對不會白走。

我就讀服裝設計系，畢業後雖然沒有馬上進入相關行業，但兜兜轉轉十幾年後，竟成爲國內男裝領導品牌的專業經理人。對於這點，我得自首：「我的人生其實是誤打誤撞，因爲念服裝設計系的時候，我的衣服做得很糟，有一科還差點被老師當掉——那就是男裝！」

那是個一考定終生的年代，我之所以念服裝設計，不是因爲我當時對這個行業有很大的興趣，而是跟很多學生一樣，考到什麼就唸什麼。在手作方面我眞的不是很有天分，雖然說出來很羞愧，當時班上同學的服裝作業都縫得好漂亮，我做的每件衣服就是歪七扭八。

還記得當年男裝的授課老師是實踐大學的蕭美玲主任。期末交作業，跟其他同學相比，我的西裝做工實在是不怎麼樣。結果整件男裝當場被老師拿剪刀剪開，我的眼淚立刻流下，回家後，又拼了兩天沒睡，重新縫製一件交出去。

蕭老師後來給了我六十二分，相信是同情分數，因爲看我可憐熬夜縫成熊貓眼，眞是要謝謝她的慈悲心，我的男裝才能勉強過關沒有被當掉。但我今天卻當上台灣重要的男裝品牌嘉裕和ARMANI的專業經理人，我應該讓當年的老師和同學跌破眼鏡吧？

後來與蕭老師經常在學校評審場合中相遇，每次見到她都讓我心懷感恩！

現在當我有機會到校園演講時，都會勉勵同學們，如果有哪一科考試成績不好，沒關係，要愈挫愈勇！在哪裡跌倒，就在哪裡爬起來，說不定將來會成爲哪個領域的翹楚也不一定。像我雖然也不是翹楚，衣服還是縫不好，但是我可以請人來協助，我來負責其他擅長的部分。

另一位要感謝的是章以慶老師，現在成爲實踐設計學院院長的她，當年教授織品學，也教了我很多關於服裝元素和行銷方面的知識，我發現自己對這些的興趣遠大於做衣服的本身。我一直強調，能幫助自己知道自身優劣勢的「SWOT分析」非常重要，年輕時的我雖然懵懂，但也慢慢從學習的過程中，瞭解自己的強項和弱點，所以畢業之後當有機會進入時尚圈，我選擇去了《BAZAAR》雜誌，而不是去一家服裝公司做設計助理；如果是後者，想當然爾，下場肯定很慘。

先瞭解自己，才能定位自己。我知道自己對服飾行銷比較有興趣，所以我不會讓自己去做服裝設計師，但是我現在累積了經驗值，已經懂得如何去行銷一位服裝設計師，經營一個服飾品牌。

每個人都有千萬個缺點，不要害怕自己有不足的地方，缺點可以找人幫忙補強，成敗全看我們怎麼把自己的優點放大。即使在學校我的男裝成績只有六十二分，但我瞭解自己是喜歡行銷服裝的，所以我一路選擇適合自己定位的路，也不斷尋找挑戰自己的機會。地球是圓的，不管你繞了多少圈彎路，只要努力都能找到自己的舞台。

Lesson 12

Never Say Never，永遠都不要說不可能

—

在可能的範圍內，給自己更多不同的體驗，絕對會豐富你的人生，這樣才能看到不同的風景，同時培養自己面對未來的彈性。

當嚴老闆邀約我至嘉裕任職時，眞的有點不敢想像，因爲覺得自己資歷還不夠，而嘉裕畢竟是一個有品牌、歷史悠久的公司。

但是幾經考量及評估，學生時代讀的是服裝設計，好歹算是科班出身，加上有時尚雜誌的工作經驗，時尚圈裡也擁有不少人脈，加上行銷公關領域訓練所累積的經驗，讓我清楚知道自己所擅長的地方。一家公司是由行銷、業務通路、商品設計與生產所組織起來的，我可以努力重拾唸書時的基礎概念，應用在商品設計並請專業人員來執行；再則，全方位整合之前在時尚雜誌及公關公司的經驗應用於行銷；最後則是將我從基層小AE賣廣告的整合能力發揮於通路業務。

眼前的新挑戰也許很困難，但是我告訴自己：「我感謝嚴老闆這位貴人願意給予機會，我為何不能也給自己機會盡全力試試呢？」

人生就是一回生二回熟

面對很多人生當中的第一次，我都是忐忑不安的。甚至只要遇上大活動，我前一晚都經常睡不著，第二天如果有一個重大的會議或什麼大事，我也常緊張到睡不好。但是人生就是一回生二回熟。第一次要用英文跟客戶開會超緊張，因為開會不是輕鬆聊天，而是要嚴謹地報告；第一次主持大型活動、第一次製作電視節目、第一次出國採購談判……我都是緊張到不行。

每個人都一樣，人生中都有非常多的第一次。可是當我們每天都遭遇到更多、更大的事情時，一次一次的克服它，慢慢就會練就出平常心，即使泰山崩於前，也有不動如山的態度。但在這「不動如山的態度」背後，其實內心可能還是波濤洶湧，因爲我就是一個普通人而已。

所以我常說，挫折考驗是禮物，特別是愈年輕的時候，愈需要這樣的禮物。

我喜歡挑難的事情做，只要做過愈難、愈大的事情，後面就會覺得：「噢！Piece of Cake（小事一樁）。」每件事情都可以視爲經驗值的累積，不要因爲沒有做過，就不敢嘗試，「Never say never」（永遠都不要說不可能）是我在面臨選擇時，經常勉勵自己的話。如今的工作強度和壓力，對很多人來說可能是在忍耐邊緣了，但我只要跟以前在公關公司時期的經驗相比，反而覺得有點輕鬆！

如果缺少當年的種種磨練，我或許無法勝任現在的工作。不過我的狀況可能無法套用在每個人身上，有的人個性喜歡安定，太多挑戰反而會讓自己崩潰。但是在可能的範圍內，給自己更多不同的體驗，絕對會豐富你的人生，這樣才有不同的觀點，同時培養自己面對未來的彈性。

Lesson 13

創造自己的 職場高 CP 值

各領域的不同工作經驗是橫向的通才能力，而時尚產業價值鏈的理解與執行則是專才，現在職場最有競爭力的人就是通才與專才，這是職場高 CP 值的不敗原則。

用針線串起品牌和品味

我到嘉裕上班後的第一件事，就是停、看、聽。接著和同事們爲老品牌創造新生命：新商標、新商品、新概念、新店裝，這就是品牌再生工程。我們的品牌再造工程其實只做了微幅的改變，而這全部的過程都要謝謝我的同事們：一根繫著縫線的縫針穿過鈕釦，勾勒出優雅流暢的線條，象徵著師傅們在嘉裕數十年來的辛勤耕耘，這就是我們將嘉裕英文品牌「CARNIVAL」Logo 樣式再造的關鍵。

「嘉裕西服」四個字在當時既定印象中，是比較傳統的品牌，但我不會改變品牌的中文名稱，那時也沒有預算請廣告公司執行品牌再生工程。品牌英文名是「CARNIVAL」，但在當時並沒有太多人知道「CARNIVAL」就是嘉裕西服。我們先將英文名稱的字型改成草寫，並將中間英文字母 i 變成嘉裕老師傅們一針一線傳承的鈕釦和縫針，傳達嘉裕是用針線縫起的數十年精華、具有文化的品牌，累積成爲今天的嘉裕西服。品牌再生工程就在英文名字上開始改變。

再生工程當然不是只改一個字母「i」，而是包括形象（image）、品牌（branding）、logo、以及未來的概念（concept），甚至含括如何包裝所有的系列商品等；「品牌再生工程」是一個全面性的整合行銷方案，其實就是很多國際廣告公司所說的三百六十度全方位品牌再造整合行銷廣告專案。

品牌再生工程的執行過程，結合了多年在廣告、公關、行銷與品牌操作各領域的工作經驗，最後整合貫注在嘉裕的工作中，我們落實公司目標後獲得了肯定與鼓勵，如同嚴老闆說：「有高ＣＰ值！」。各領域的不同工作經驗是橫向的通才能力，而時尚產業價值鏈的理解與執行則是專才，現在職場最有競爭力的人就是通才與專才，這是職場高ＣＰ值的不敗原則。所以，年輕的朋友們，請記得不管公司規模大或小，老闆們都會要重用能創造ＣＰ值的戰將，在職場上，千萬記得要創造自己的職場高ＣＰ值。

在嘉裕工作總有一連串的會議考驗著，所有事務的執行過程從商品設計討論會、商品採購會、通路行銷會、品牌預算會、財務檢討會，以及我要定期參與的經營會、決策會、董事會和股東大會等等，我在嘉裕工作九年多，大家可以想像我已經開過多少會議了？

我的人生中，沒有一件事情是簡單的。九年嘉裕工作經歷累積了很多東西，眞的是獲益良多，在這段時期，也經常獲邀校園演講，跟年輕學子分享我的歷程、我的價值觀、工作態度和我的熱情時尚人生，以及我在時尚領域中所經歷的種種。

衣櫃策略與代言人

嘉裕西服是台灣的自創品牌，台灣傳統產業的自創品牌，我們一方面尊重品牌傳統文化精神，也是師傅用心的精神，另一方面則以創新又年輕的行銷方式打造品牌的新生命力。

我小時候很愛玩紙娃娃，喜歡幫娃娃們配衣服，我將這個小時候的樂趣與同事們分享，推出時尚衣櫃計畫「Mix & Match」——爲台灣男士們搭配衣服的貼心計劃。這個計劃主要目的在搭起通路端服務人員與消費者的對話連結，用話題術語方式創造彼此間的互動，以「連結」與「互動」兩大點，代替傳統業務推銷商品的方式。很多國際品牌是用跨界（crossover）方式連結當代藝術創造話題，我們則是用生活所需、生活貼心的衣櫃顧問方式來創造不同面向，事實上，這也符合台灣男士的需求，畢竟在台灣男士的生活經驗中，很少被教導或要求對自己的衣櫃有想法，而時尚衣櫃計畫「Mix & Match」從被需求端連結了消費者的心。

另外受到衆人矚目的，便是嘉裕西服年度代言人。嘉裕每年都會找新代言人，因爲西服款式大同小異，只有不一樣的人穿著它才可以說著不一樣的故事。

如何選擇年度代言人？主要策略便是長期關注影劇時尚圈的脈動。

我們在《壹周刊》雜誌看到當時四位被稱爲新生代的「時尚

F4」：家境不錯、長相英挺的新秀男藝人高以翔、丁春誠、藍鈞天與陳紹誠，他們的形象可翻轉嘉裕過去給人傳統的刻板印象，因此我們決定找這四位擔任年度代言人，並定位為「時尚貴公子F4」。當時推出後，不僅受到媒體報導的肯定，其清新獨特的形象也成功擄獲許多女粉絲的心，之後高以翔也接拍 LV 廣告，我們都很開心合作過的代言人能有更寬的發展。

因為關注影劇流行脈動，那時正在拍《光陰的故事》的男主角楊一展和黃騰浩；因《犀利人妻》大紅的溫昇豪；演出電影《對不起，我愛你》的錦榮；以及正準備出新專輯的信，信當時前往巴黎拍專輯的視覺，並同時拍攝嘉裕的服裝型錄，一舉兩得；《痞子英雄之黎明升起》中的優質型男修杰楷、當紅偶像劇演員胡宇威……新生代型男唱將李唯楓等，都是我們在關注影劇流行脈動時接洽與合作的男藝人，因有嘉裕代言人的話題與曝光，同時宣傳正上檔的新戲或發行的新專輯，而嘉裕可以非商演的宣傳期代言費預算與他們合作。這些操作與運作不僅是雙贏的局面，也是任何公司與老闆都想要的高 CP 值。

Location、Location and Location

時尚不是每天都光鮮亮麗，事實上時尚有很多蹲馬步工作，都必須要你扎扎實實、一步一腳印的去做很多細節，因此工作心態必需調整，要體認在光鮮亮麗的背後，仍是「在現實的世界」中工作，這樣你才能理解眞正的時尚產業。

品牌的組織架構都大同小異，以嘉裕公司爲例，品牌的管理階層有董事長、總經理、副總、協理、經理、副理……等，組織分成品牌經營管理與生產代工事業，行政管理部、總務部和人事部、財務部、資訊部，旗下又細分如通路業務部、商品部、行銷公關部、視覺陳列部等等。像很多年輕朋友都很想進入行銷公關工作，但如果你不擅長寫新聞稿與寫企劃案，那你可能很難生存競爭，而溝通能力強、EQ協調性高是基本的，但中英文俱優絕對讓你更加分。

資訊部就是像現在我們常常講的「大數據中心」（Big Data），裡面有公司的資源、個資、市場資訊，如果這個資料庫很完整，可以更能觸及到你的 VIP，你的很多客戶群會比較能直接掌握。

另外則是財務部，所有東西如果沒有財務部在背後支撐以及運算分析，便很難知道，我們做這些事是正確或錯誤？需不需要調整？例如我們常提到的「進銷存比」，毛利率、營收、淨利……等等可都是掌握管理的重要關鍵呢！

而什麼是通路業務部？通路業務部其實是最貼近消費者與商品通路的部門，當我們需要與百貨商場談位置、談樓層櫃位時，便需仰仗通路業務部。提到位置與通路，很重要的就是「找點」。找點是重要的時尚專業知識，設櫃首要的就是 Location、Location、Location，第二個則是「鄰居品牌」（Neighborhood），旁邊的鄰居品牌是誰？接下來就是「品牌群聚組合」（Brand Mix），你的品牌四周都是什麼樣的品牌？四周環繞著你的品牌組合是否門當戶對？若你觀察像 SOGO 與新光三越的品牌群聚組合，就會理解我所說的 Brand Mix。當然，網路購物世界無遠弗屆又是另一個課題了。

Location、Neighborhood、Brand Mix，通路業務部的三大決策關鍵點，缺一不可。總之需要完整的專業組織與營運管理，才能成就時尚產業的光鮮亮麗。

戴上好奇的眼鏡

肉眼第一次看見的並非市場資訊的真相，你必須戴上好奇的眼鏡才能看見真相的全貌。

若從市場經營環境分析 BELLAVITA，表面上看起來那個地方沒有洶湧的人潮，但是它的目標客層（Target Audience，TA）其實非常明確，大部分是經濟能力比較好的人，這些 TA 並不是你經常可看到的，所以，有時候你一定要有好奇心，一定要深入去接觸，才能夠瞭解別人在做什麼。

或許，年輕的你可能不敢走進去 GIORGIO ARMANI 的店——這很正常；你可能也不敢走進去 HERMES、Van Cleef 這些國際大品牌的店，可是你一定要知道這個環境在做些什麼、正在發生哪些事。GIORGIO ARMANI 本來在遠企對面設點，但這個點現在已經沒落，因此ＴＡ變少，相較而言 BELLAVITA 的ＴＡ比較多，而且它不光靠著 GIORGIO ARMANI 一個品牌的ＴＡ，樓層裡有 TIFFANY、TOD'S、HERMES……等，這些大品牌群聚組合的效應，提供了更多目標顧客在此；這是我們那時將 GIORGIO ARMANI 換到 BELLAVITA 的原因。

另外像每年會辦ＶＩＰ派對的微風廣場、麗晶精品、一〇一，雖同是高階頂級客群，卻又有哪些不同和差異呢？對時尚產業的工作者來說，便需要戴上好奇的眼鏡仔細觀察和體會——當角度一轉變，你會發現不管是陳列設計、創新概念、流行趨勢和美學品味都大不同，只要戴上好奇的眼鏡，就會發現世界眞是太有趣了。

美少女戰士強身術

只要跟我熟識的人都知道我並非一個幸運兒，其實我在生理與心理都遇過很多挫折與煎熬：曾經左手腕斷掉、腿被生鏽的車子輪弧刺進去、腳大拇指踢到鋼板，整片指甲被拔掉；整理東西時，東西掉下來正好打到肋骨，整整一年因爲裂開的肋骨，連笑都會疼痛；尾椎骨也曾受傷到需臥床，讓我將近三個月時間以為自己熬不過了。

有一次要趕去參加 Christine Dior 派對時，因爲時間快要來不及，心一急，走路時一不小心踩空，整隻手竟然折斷了——打了石膏後，爲了搭配衣服，還趕快買了漂亮絲巾綁上——斷手的那一刻，雖然已痛徹心扉，我還告訴自己，老天爺對我眞好，爲什麼？因爲是斷左手——還可以靠右手化妝，每天都還可以簽支票，還可以寫企劃案。我在很多事情的過程中，其實都遇到很多外人料想不到的挫折，但我覺得只要有一樣是好的，就會讓自己正面思考。

而因爲我的左手曾經斷掉，當我練網球時花更多時間練反手拍，因此反手拍竟然打得比正手拍好，我並不因爲左手曾斷過而有任何負面想法。

網球是我近年來一直持續從沒間斷過的運動。初始，是因爲嘉裕西服代言人李聖傑熱心提議，教導我們運動，他是大家的網球老師，我也很感謝因此讓我發現自己原來有熱愛網球的細胞，如今已經近七年，至今我仍堅持每週再忙都要打一次網球，除了國外出差，風雨無阻從沒間斷過。

我們還曾與「臺北市網球協會」共同合作在台北市河濱公園合辦了三屆『網球嘉年華』活動，結合運動與時尚，並且與《康建》、《天下雜誌》合作，讓嘉裕西服跨到其它領域，之後，更謝謝當時的協會理事長李聖傑邀請大家進錄音室合錄公益單曲「光」，單曲 E P 銷售所得全數捐贈「中華民國自閉症基金會」，為社會盡點微薄的心力。

固定打網球讓我得到健康與活力，這是個追趕跑跳碰、相當耗體力的運動，打網球不僅可以舒壓，更加強了我的耐力、毅力和爆發力，每次聽到球碰到球拍時的「ㄅ！」一聲，就感覺很有活力。「持續」是最難的，在熱愛工作、辛勤工作之餘，希望我自己一直堅持下去，也希望大家也都擁有健康，不僅可以永遠維持活力，路也才會走得更遠。

Lesson 14

培養無國界的競爭力

當只需透過電腦鍵盤，一個ENTER鍵就可獲得答案時，便衍生出另一種更嚴峻的考驗：當大家都能輕鬆獲得的時候，你該如何創造優勢？

Fashion Word、Fashion World

每次在學校演講，總是會被問：到底什麼是時尚？What Is Fashion？

時尚並非狹隘的奢侈品或是很華麗的漂亮服裝，時尚其實代表著一種趨勢，一種流行趨勢，也是一種生活風格。

所以什麼是時尚？服裝、café、餐廳、化妝品，甚至是花藝，或是裝置藝術、空間設計等，都屬於生活風格的一環。所以當你要做一個品牌，就必須思考：如果現在桌上放了很多飲料，這飲料要給什麼樣的人喝？什麼樣的人會喜歡？是一種什麼樣的流行趨勢？其實它都和「什麼是時尚」有著緊密關係。

全球時尚有多麼重要？我們可以想像嗎？

在全世界，之所以可以叫做 CHANEL、PRADA、LV、GIORGIO ARMANI、HERMES，想想看，如果你今天可以做一個廣告、或是做一個品牌，它可以是全球化的，它，是沒有任何限制的；它是沒有國界並且有力量，因爲一個國際品牌的影響力是很大的。一如一個國家最有權力的是總統，GIORGIO ARMANI 先生、CHANEL 的 Karl Lagerfeld 先生，他們的言論在時尙圈、或是國際間也有一定的重量和份量，因爲他們的品牌已經是世界化的語言，是完全無國界的。

所以面對未來請趁早培養自己無國界的競爭力。時代跟以前大不相同，我替年輕朋友感到開心、也感到辛苦，爲什麼這麼說呢？現在是 Google 的搜尋世界，幾乎沒有事物不能從 Google 搜尋而獲得資訊。這樣一來，大家不僅輕鬆多了，很多東西不用再記在腦袋裡，隨時都可以利用 Google 找到想要的資訊和知識，but How？and Why？and When？要如何才能比別人更先知道？要如何整合 Google 的資訊？是要將網路得到的內容變成自己的思維，還是只能當一個複印機？

以前我們做活動、玩創意很有成就感，但是現在愈來愈難。因爲過去我們只要想出一個 idea 就覺得：「哇！好棒！」，但換成如今的網路時代可就不行，好不容易想出一個點子，結果電腦鍵盤一按搜尋，卻發現其他國家早就有人這麼做過了，這種感覺眞的很挫折，透過網路平台，競爭者之間也沒有了國界的限制。

因此新世代是幸運的，以前需要苦背很多知識，要靠腦袋強記很多事情，現在只需透過電腦鍵盤，一個 ENTER 鍵就可獲得答案。但是，便衍生出另一種更嚴峻的考驗：當大家都能輕鬆獲得的時候，該如何創造優勢，搞不好太依賴的同時，你的記憶力也在退化中呢！

在我看來，如何在經驗值中學得彈性應變的能力，是致勝的關鍵。透過不停的蒐集，將別人的東西經過消化處理，最終轉化成自己的思維與競爭力。

當你問我什麼是時尚？我反而要告訴你，請趁早培養無國界的競爭力吧！

代理國際品牌學到的世界經驗

我的老闆嚴凱泰先生，爲什麼會代理 ARMANI？很多人都說嚴凱泰先生因爲喜歡 ARMANI 所以代理；可以這麼說，但也不盡然是如此。

他確實非常喜歡 ARMANI，所以他從以前便是 ARMANI 的頭號 VIP，在前任台灣代理公司時期，他就因爲非常喜歡 ARMANI 而成爲 VVIP。後來當他買了嘉裕，發現嘉裕比較傳統且些微年長，因此他很希望能夠代理一個新品牌。而因為他喜歡 ARMANI，所以 ARMANI 成為他關注的對象。

當然，沒有一個老闆會因為「只是喜歡」卻絲毫不顧及經營層面。評估過 ARMANI 是具經濟規模的品牌，而此經濟規模足以支持一家公司，成為很重要的收入來源，所以我們才確定代理 ARMANI。事實上我們不光在台灣，現在的我們在中國大陸有六十多個據點，對公司來說是相當重要的市場，區域遍及北京、天津、山西太原、河南鄭州、河北石家莊、浙江寧波、貴州貴陽甚至甘肅蘭州。

我們非常感謝老闆嚴凱泰先生授權團隊，讓團隊能夠放手做事情，他可以說是台灣 ARMANI 最佳代言人，在過去幾年，他與這個世界頂級品牌也共同影響了台灣男士的穿著態度。

而已經八十多歲的品牌創辦人 GIORGIO ARMANI 先生對時尚圈影響更是深遠，每場秀的最後，他一定現身向觀眾謝幕，每每都感動現場所有人士。記得以前在 ARMANI 的辦公室採購時，也常常見到 ARMANI 先生本人，跟大家在同一個空間內用餐，而他就坐在你的身邊，感覺如此平易近人。曾在半夜兩點鐘，在 ARMANI 的 PRIVE Pub（類似 Lounge Pub）看見八十歲老先生也坐在那兒；相較之下，我們還好年輕——八十歲的 ARMANI 先生，似乎不受限於年齡，而這也深深激勵了我。

時尚並不是每天都光鮮亮麗。在「時尚圈」亮麗的表面之下，我們更需要提醒自己回到現實世界，扎扎實實、一步一腳印的執行很多細節，而事實上有很多工作都必須如此。

常聽到很多人說：「我最想要的工作，就是可以去 ARMANI 當採購，多好！我可以買這麼多漂亮的衣服。」，若是這樣想，那就大錯特錯了，就像絕對不可能像是「穿著 PARADA 的惡魔」片中演的那樣。當一名 ARMANI 的採購，壓力其實非常大，ARMANI 的衣服相對昂貴，正因如此，採購人員便必須「買得非常精準」，這考驗著採購人員的智慧與專業經驗，其中包括成本結算、尺寸掌控、迴轉率、商品計畫等等，比如看訂購單（Order

Form）內項目有 Pants、Dress、Jacket、Knitwear、Shirt、Skirt、Sweater……等，每一件衣服需要買多少件？總數是多少？有非常多的 EXCEL 試算表功課在等著。

全球思維不能只有表象，代理 ARMANI 讓我們獲得更多層次的世界經驗。而公司曾代理的另一個品牌「Diesel」，又是個截然不同的個性品牌。

「Diesel」青春奔放、充滿創意個性。某年，來自全球四百位經銷商齊聚沙灘進行創意 Dress Code 活動，Diesel 發給每個人一條白色被單，要我們自由發揮個人的創意，越瘋狂越好，我在一夜之間被全場滿滿的創意包圍著，眞是讓我大開眼界，在這個時刻看見不一樣的世界。

ARMANI 的極致優雅和 Diesel 的創意活力，以及雖是台灣老字號的嘉裕品牌，卻也努力走向年輕及貼近生活的行銷策略，當我們執行這些個性差異的品牌時，更需要思考在地與全球雙軌齊下的思考與落實，這些工作經驗彌足珍貴。

創造
屬於自己的
人生伸展台

PART *III*

當年我沒有考上「繞著地球跑」節目助理，今日卻成為電視製作人，真是世事多變繞著地球跑！原來人生的每一步都是有關聯的，然後累積到今天……

Lesson 15

一直為機會做準備

對於周遭的事物抱持著新鮮感，主動觀察學習，從生活中創造經驗值！

當評審的學習與機會找上門

製作節目？當機會來了，我知道怎麼掌握嗎？

這幾年我多了兩個新身分：電視台節目製作人與節目主持人。過程說來有趣，原本只是擔任電視節目的評審嘉賓，卻因緣際會變成主持人與製作人，且一做就超過四年，媒體成為實現夢想的另一個平台。

除了機緣促成，凡事好奇、勇於嘗試的個性也是助力。所以我經常鼓勵大家對於周遭的事物抱持著新鮮感，主動觀察學習，從生活中創造經驗值！

電視圈人稱薛哥的名製作人薛聖棻，曾製作「超級偶像」、

「百萬小學堂」、「女王的密室」、「我要當歌手」等很多叫好又叫座的節目，前幾年他製作了一個與時尚相關的節目：「超級設計師」，主持人是利菁小姐。這個節目是當時經濟部工業局希望藉由大眾媒體推廣培養台灣的年輕設計師，於是找了薛哥製作「超級設計師」，薛哥當時邀請幾位時尚圈人士擔任節目評審，我也很榮幸有這個機會參與。

腦筋動得很快的薛哥，把洪偉明老師封為「時尚教父」，將《ELLE》雜誌的總編輯小乖叫做「時尚總編輯」，而我呢？因為工作職銜緣故，他幫我定位取了一個「時尚 CEO」的頭銜。

其實，當時我自己覺得有點不敢當，但沒想到後來竟意外的增加了我的品牌識別度，對於這點，我真的非常感謝薛哥的創意。就這樣，我們成爲節目的固定評審來賓。

長達一年錄影的時間，除了評審任務，我也沒閒著，因爲錄影中有相當多等待的空檔，有些人會看書、聊天或做其他事情打發時間，我因爲過去沒有做過電視節目，對燈光、佈景、剪接、製作各方面都覺得好奇。錄影之外，我把自己放在第三者的角色，從旁觀察學習這個行業的點滴細節。

之所以這麼做，沒有特別的原因，我對於新鮮的事物都抱持高度學習的興趣。很多事情在我這個外人看來都非常不同，有很多我可以學習的機會。例如像菁姐（利菁），記得錄影期的四個月中，她剛好重感冒，沒有錄影的時候，她幾乎癱在旁邊完全沒力氣，但只要燈光一亮，她就生龍活虎地繼續錄影，她的意志力實在令人佩服。

而攝影棚內的每一個人都有不同的角色分派，像是執行製作人需要綜觀全場、運籌帷幄，其它包括導播、現場指導等等，也都各司其職，節目才能順暢地進行。整個過程我像新鮮人一樣，充滿好奇，也不斷學習著，收穫非常多。那時的我也發揮了自己的業務長才幫忙找贊助商呢！

印象很深刻的是，現場每次有人喊著：「五四三二一，Action」的那一刻，我就即刻感受到那是一種能量。因爲以前做公關時，我們每天都在擔心媒體會不會來？隔天會不會報導？貴賓會不會如期蒞臨？一天到晚都在擔心著，而這些擔心又掛心的畫面始終放在心裡，直到我在攝影棚錄影時，讓我深覺媒體確實有它獨特的力量，以前我都在擔心電子媒體會不會捧場？如果有一天我可以變成媒體呢？

勇敢創造展現創意的時尚大平台

沒想到我好奇地看著節目進行的環節與細節，看著看著……竟讓我看出興趣，也看到機會！

「超級設計師」節目播出後，在業界獲得正面的評價，經濟部工業局也願意繼續支持。但節目原製作人薛哥礙於時間和預算有限，轉而詢問我是否有意願接棒？第一時間我的反應是：「我有這個資格和能力嗎？」想想如果不是長官洪組長、羅技正大哥等等不同長官的支持及鼓勵，我又如何能走出這一步？而且，我也知道這是個難得的機會！這是一個能夠幫助更多年輕人展現創意的時尚平台，一股發自內心的使命感，讓我鼓起勇氣接下這個超級任務，於是誕生了新節目《Taipei In Design 超級設計師大賽》。

當新機會找上門，讓我可以製作電視節目時，我又用 SWOT 評估自己的一切，以前我在時尚雜誌業，是平面媒體，而現在如何讓平面立體化、變成好看的電視節目？過去所有工作的經驗與連結，遇上現在的機會點，讓我重新整合變成一個新的大平台。

我們把它企畫成像國外《決戰時裝伸展台》（Project Runway）的型態（關於時裝設計的美國真人秀節目），每集做一套衣服，參賽者得在有限的時間壓力下，完成一件一件的作品，我也常陪著他們，一起沒日沒夜的趕工奮戰。透過「超級設計師大賽」的平台，讓參賽的年輕朋友可以把實驗性比較強的學生作品，經過調整跟修正，變成一個可以實際上生產線的東西，如何「從作品轉變成商品」，對年輕的設計者來說，是一個非常好的學習過程。

最後選出來的第一屆冠軍陳亦良，現在已有自己的品牌了，和第二屆冠軍吳日云都是當年剛從實踐服裝設計系畢業的年輕人，年紀輕輕的吳日云非常有才華，在二〇一一年成立個人品牌「Austin Wu」，並且成爲首次登上紐約時裝週及東京時裝週的台灣設計師。看到他後來的成就和表現，眞的替他感到驕傲也非常欣慰，對於國內產業界需要提供更多舞台給年輕人的念頭，也愈發堅定。

Lesson 16

創新整合
善用優勢

—

我必須想盡辦法控制預算，也要在有限的預算中將節目內容及品質做到好。但我把這些過程當成一個很好的磨練和學習。懂得在劣勢當中找到一個優勢，就能擁有更大的彈性。

老實說，我從來沒有想過有一天會成爲電視人，結果卻因緣巧合進入了這個世界。從不會到會的過程，我必須先確定自己的核心能力，剩下不懂的部分，可以找專業的人幫忙補位。比方說，我雖然不會剪接、也不懂攝影運鏡，但可以善用以前做時尚雜誌的美學經驗和剪接師、攝影師等溝通，達到期望的質感。節目內容的企畫也是，我把過去做雜誌時的編輯概念，像是規畫封面的是誰、規劃前頁的是誰、跨頁主題是什麼，該如何落版轉化成節目製作的單元，慢慢摸索把平面變成立體的方法，在原本的經驗值之上，建構出新的經驗。

另外，最現實的一個環節就是節目預算。除了整合過去累積的資源，尋找贊助之外，我必須想盡辦法控制預算，也要在有限的預算中將節目內容及品質做好。口才表達能力還行的我親自上場當主持人，而且可以不用彩妝師，服裝和化妝，我全部靠自己打點，一口氣省下主持人、彩妝師、造型師與製作人的多項費用。旁人可能覺得辛苦，但我把這些過程當成一個很好的磨練和學習，雖然口條和反應比不上很多經驗豐富的主持人，但是基本表達沒問題，打安全牌好好地把話講完，也是一種 style。

做爲一個時尚公務員，我眞的每天像小蜜蜂般，嗡嗡嗡辛勤的工作，飛到西又飛到東，我每天提醒自己要維持基本的儀容，不能太醜或太亂，才能應付隨時插入行程的錄影或訪問。很多人覺得打扮自己是樂趣，也有人覺得是負擔，對我來說，它是工作之一，因爲從事時尚產業，加上錄影的需求，所以我得用心思維持打點；另一方面，女人都愛漂亮，我當然也不例外，適度利用這個壓力讓自己保持外在的儀容，轉念把這個「工作」當成一種「樂趣」，就能讓自己享受於其中。

我連化妝都是從鏡子中學來的，一開始找專業的彩妝師，彩妝師一面畫，我一面看鏡子，找出最適合自己的妝容。懂得在劣勢當中找到一個優勢，就能擁有更大的彈性。

我願意製作節目賭上一把，因爲我自己也很喜歡造型。我自己主持不用額外花錢請主持人，造型也因爲我是念服裝設計系，加上有很多朋友可以協助，自己好打理，而且機動性強。

電視節目同時也發揮了我小時的夢想，我從小就想當播音員，國中時三年念的是美術班，唸大學時是詩歌朗誦隊，畢業後除了應徵喜來登飯店，其實還應徵了另外一個工作，就是「繞著地球跑」的助理，可惜我沒有考上，有時候想想，也許是我心中小小的遺憾，可是人生永遠是塞翁失馬焉知非福，如果真的去做，人生可能又不一樣了。

做雜誌社和公關公司時也邀請過很多明星，很多人說我又要敲通告又要製作主持，其實是把我之前所經歷過和所做過的做一個大彙整，說實在真的很辛苦，就像兩百多集每星期從不間斷的待在剪接室等等，但對我來說是非常大的養分補給，讓我不斷地更新也不斷地升級。

因爲是每週的節目，所以強迫吸收每週的時尚新知，食衣住行都有人會找上來，如果不是自己製作便沒辦法有決定權。而管理大小事需要邏輯好的腦力，從時間管理、工作管理到生活管理都有差別，因爲知道事情的先後順序，決定可以做多少事，呈現的結果和判斷力有絕對的關連，所以，無時無刻訓練自己的邏輯性非常重要。我的一天常常是別人的兩天，時間管理的運用就從每天早上都使出「十五分鐘完全化妝術」開始，並同時迅速處理多件事情。在同一時間內處理多件事情的能力並非一蹴可及，是長時間練就而來，反覆練習就會學習到其中精髓。

不但要工作，更要爲自己保留玩樂的時間，就像一條放鬆的橡皮筋一般，才能讓自己的路走得更久遠。

而有些事情要複雜簡單化，有些又要簡單複雜化，什麼時候要小題大做？什麼時候又得大題小做？這些都是學習、都是分寸。特別是在職場，看到厲害的人、能力好的人，學習站在一個欣賞的角度，就可以從中發現很多讓自己成長的元素。同樣的，立場或想法不同的時候，該堅持還是妥協，也要靠智慧判斷，凡事智取不蠻爭，才能創造雙贏。

Lesson 17

闖入軍營的現代花木蘭：掌握該有的堅持

掌握並貫徹該有的「堅持」，成為我需要學習和修練的一門課。不管哪個位置、哪個角色，在不同的環節，都有需要堅持和妥協的地方，不斷地堅持，也要懂得不斷地妥協，修正是必要的過程。

時尚美食相輝映

我爲什麼又會開始製作美食節目《法國名廚饗宴》呢？因爲製作電視節目而認識了亞洲最佳女主廚陳嵐舒，大家共同討論後決定做個有國際感的美食節目，並且節目將到法國錄影拍攝。

人生中的每件事情都會有關聯，每件事情都是環環相扣，每次的事情都是一個機緣的開始，沒有人知道會有什麼發展。製作了《法國名廚饗宴》，讓我有機會和嵐舒（全球首位以法式料理受 Relais & Chateaux 肯定爲「傑出主廚」的華人，是第一位獲得該榮譽的亞裔女主廚），也是國內知名的「樂沐法式餐廳」主廚，一起展開十四天的巴黎美食之旅。雖然要在十四天之內，品嚐十九顆米其林星星，對於節目錄製是超級大考驗。但在專家的介紹下，我不但品嚐了頂級料理黑松露、魚子醬、鵝肝等，也踏入平常人難以窺見的廚房聖地，親身感受米其林主廚揮灑創作的現場，那是任何金錢都無法換來的經驗。

原本不熟悉的兩人，一趟旅程下來，培養出惺惺相惜的革命情感。我們兩個女生經常開玩笑說自己是闖入將士軍營的現代花木蘭，在工作環境中同樣要面對很多的男性同業和前輩。應對進退要合宜，過與不及都不行，還要努力爭取出色的表現，讓自己的專業有機會被看見肯定。

雖說女男平權，但在頂尖的廚藝殿堂內，仍是男性的天下，女性相對是極少數。

深入採訪很多米其林星級餐廳時，也親眼見識主廚在廚房裡的威嚴，限時內要完成一道菜，一個口令一個動作，助手完全沒有說「不」或討價還價的空間。主廚就像是一名將軍，從切菜開始，火候、配料的時間點都必須恰到好處，到最後出菜前的擺盤和裝飾更是魔鬼中的細節。料理對他們而言，已經不只是傳遞食材的美味，而是把每個新鮮食材的味道發揮到極致。要達到這樣的境界，需要很大的能量，不要說是女性，就連男性都得有幾分膽識魄力才辦得到，秀氣斯文的她得在粗重的鍋碗瓢盆以及高溫高壓的環境中，不斷挑戰自我。但是爲了一個湯品、一個蛋糕，她可以用盡心力，把它做到極致。

因爲喜歡，所以無怨無悔；但她也很酷，不喜歡的事就千百個不願意，非常直率的藝術家性格。這點讓我非常欣賞、也非常羨慕。基於工作的職務和性質不同，就像天平的兩端，我們會在互動中彼此學習，尋求達到一個平衡點。最後呈現在觀衆面前的節目，是以慢活悠閒的步調帶領大家深度品嚐米其林美食。

採訪的多位主廚中，有些主廚有他的偏執，但若不是偏執，就不會是藝術家導向、作品也就不會誕生；不只是主廚具有藝術家的偏執，我在職場中所面對的設計師也一樣，「執著」是作品成型的條件之一，需要高度的專注和異於常人的堅持。但是從管理者的角度，或是公關行銷的立場，更多要考量的是談判協商和妥協溝通的分寸拿捏，如何放大或縮小自我？掌握並貫徹該有的「堅持」，成爲我需要學習和修練的一門課。我的經驗是，不管哪個位置、哪個角色，在不同的環節，都有需要堅持和妥協的地方，不斷地堅持，也要懂得不斷地妥協，修正是必要的過程。

謝謝幕後投資者給了我們這樣難得的經驗，嵐舒就像法國當地人一般，跟所有的法國廚師像家人般的相處，跟她一起採訪很多米其林星級餐廳時才發現，主廚在廚房裡就是有威嚴的將軍，三分鐘內就要把菜完成；但若是像我們做行銷，很多事情都需要談判協商，較會妥協和溝通，這就是我的學習。

能成爲一位亞洲最佳女主廚，面對的是多少男人競爭？相對而言，我的就算簡單得多了，但我們對彼此都非常心有戚戚焉。我身處在裕隆集團，那也是個男性的世界，又是汽車集團，但在這男性世界中，該如何掙得自己的位置？其實也不是很容易，其中的應對進退、分寸拿捏，過與不及都不行，當然該有男性氣魄時也是不能忽略的。

身爲女生的我們，凡是赴約就一定要比別人更早起，要洗頭洗澡化妝貼假睫毛梳頭換衣服，可是我們習以爲常；嵐舒認爲「料理」這件事是她選擇的，而製做節目是我自己選擇的，所以不會有任何抱怨，只有在工作上沒辦法達到完美的時候，才有溝通和要求。在和嵐舒工作的過程中，她對食材的瞭解，對每樣東西都如數家珍的掌握，對細節也有獨到的品味；何其有幸，能與她共同工作。

因爲嵐舒，我有機會來到法國拍攝，許多人只是當做出差，自會覺得很疲累，而我完全感受不到過程中的辛苦，卻像一場玩樂般感到享受，當然必須要有體力耐力和毅力，雖然每天工作幾乎從早上六點到凌晨兩點，品嚐了這麼多米其林星級料理，每一餐每一道都是那麼多人的心血結晶，金錢無法換來的經驗更可貴。

因爲平常做節目是細水長流，但這個專案的時間很短，也因爲嵐舒的關係去了很多平常不會接觸到的地方，因此這一趟法國錄影行的經驗爲我的人生帶來濃縮版的高 CP 值，當然回台灣後也花很多心思剪接疲累至極。

如果不是這個機會，我怎麼能夠走進米其林星級的廚房？又怎麼能坐在主廚桌享用佳餚？又怎麼能見識到跟我的臉一樣大的松露呢？感謝一路上與我一起共同打拼的團隊。Dream Team!

Thank You!

Lesson 18

加油吧！鐵戰人生！

我要送給年輕朋友們三個叮嚀：請具備三條件：自我激勵、永不害怕挑戰與熱情，伸展台才會出現在你們的面前。

從藝文到新空間，MOCA與Marula

製作《台北映時尚》電視節目和擔任當代藝術基金會董事職務，讓我可以接觸很多藝文活動與訊息。當代藝術基金的董事會，八年來我只要時間允許都出席開會，一直覺得很榮幸，總抱著感恩的心情，後來也以策展人身分參與製作《台灣當潮時尚設計展》。

這個展覽以當代藝術視野觀看時尚服飾，希望展現台灣在時尚設計的創新思維與藝術成就。邀請十九名設計師提供個人最新設計作品系列，有些設計師還特別爲這次展覽量身打造全新的實驗作品。

另外「臺北國際花卉博覽會」在流行館要舉辦《花新時尚秀》，邀請我擔任總顧問，這個活動我總共策劃了一百六十九場時尚秀，邀約國內眾多設計師共襄盛舉，從傳統到潮流，從東方到西方，將台灣文創結合時尚，在花博流行館中魅力行銷台灣，讓民眾親身感受台灣流行時尚界的美麗力量。

《花新時尚秀》總顧問和時尚展覽策展人，讓我進入文創領域，因緣際會在華山文創園主導一家時尚藝廊「Marula」，也因爲經常擔任評審，有機會協助文化部於 Marula 執行的「時尚駐診」計畫。

「時尚駐診」計畫提供年輕新銳設計師發問的機會，我和其他的專家們用自身的經驗值跟大家分享，但其實他們又何嘗不是我的老師？這種事情可能對有些人來說很累，但是「時尚駐診」可以讓我更加瞭解現在業界在做什麼？新銳設計師的需求是什麼？而且我也很喜歡和大家一起互相學習。

我就讀中正高中時的孫中崙導師曾說，我是「黑矸仔裝豆油」，就是用黑瓶子裝醬油，你看不出那醬油是高是低，高中時候的我非常安靜，同學可能都懷疑我是否存在吧，現在的我卻是需要不斷說話的節目主持人、顧問、評審、董事、主管和時尚駐診老師，人生際遇實在變化多端，所以我才會經常說「Never Say Never」。

支持台灣新銳設計師

爲什麼是 Athena Chuang（莊承華）？

在我擔任「臺北好時尚 Fashion in Taipei」活動的設計評審時，我並不知道莊承華的背景。

在這麼多人當中，我跟《ELLE》的總編輯還有幾位評審，共同注意到了莊承華設計的衣服——她的設計其實很簡單，但看起來就是有一種國際精品的架勢。後來我們都選她爲第一名，一問之下，才知道她工作於 FENDI，之前她和 CHANEL 的設計總監 Karl Lagerfeld 老佛爺一起工作過一年八個月。那時莊承華告訴我，人生最大的夢想就是要有自己的品牌，但她既沒錢、又沒名，什麼都不可能。

我爲什麼決定要努力地推 Athena？

Athena 就讀台大社會系，非服裝科系畢業的她，竟可以做得這麼好，我便知道她的確非常熱愛她的工作。有些人因爲大學正好考上服裝設計系而就讀，所以熱情不足；而她的熱情很強大，完全不顧眾人反對，社會系畢業之後，就爲了自己的夢想遠渡重洋苦讀服裝設計。

除了設計能力，本來是連義大利單字都不會講的她，如今義大利文也說得非常流利。大學畢業後飛到米蘭，想盡辦法學習，苦讀語言；正因爲她的眼界延伸到國際，因此她都是從國際趨勢的角度來看待每一件事情。

做爲一名服裝設計師，在也是明星產業的服裝設計圈來說，Athena 有著姣好的面貌，最重要的是她不僅能幹也能吃苦，如果我們要做 branding，如果我要在這麼多人中全力的培植新銳設計師，那麼無庸置疑的就是她。

不過最重要的還是她的努力。她非常非常努力，短短不到兩年，莊承華不負衆望被選到「東京時裝週」和「紐約時裝週」，接下來她也會參與米蘭時裝週的發展。Athena 每季的服裝都有故事，比如從電影的延伸、或是某個古希臘情節，她喜歡也擅長用故事來說她的服裝。

看到莊承華和看到陳嵐舒都是一樣的感覺，兩個人都那麼漂亮，兩個人都畢業於台大，但是她們卻都這麼地努力，這一點讓人覺得更佩服。當然在時尚領域中，也有很實際的一面，對她們而言，個人條件只是加分。我認爲應該要給 Athena 這個機會，因此我願意幫助她，也感謝我的老闆願意支持。但我身爲居中的專業經理人，也得負責財報，所以彼此之間需要磨合；一方面我尊重她的設計，但另一方面作爲專業經理人，我也要替她考慮未來性和產值。

在台灣要培養年輕設計師成爲品牌，是條漫長又艱辛的路，年輕人辛苦，培育的企業平台也不容易；即使如此，繼續能夠支持台灣新銳設計師，永遠會是我的榮幸與願意努力的事情。相對的，剛出社會的年輕新銳設計師，面對競爭激烈又殘酷的市場考驗，我要送給年輕朋友們三個叮嚀：請具備自我激勵、不害怕挑戰以及熱情，伸展台才會出現在你們的面前。

鐵戰人生換檔前進

在製作年代電視台《Taipei in Design 台北映時尚》期間，我曾同步在東風製作另一個節目《時尚名人薈》，這個節目做了一年共五十二集，前後總共訪問了一百五十六位 CEO。

當時的我一直思索著要製作什麼樣的新節目，才能將自己的學習資源整合成有質感、有意義的內容，突然腦海閃過這些文字：「勵志人生的專業閱歷、職場經驗的關鍵轉折、品牌價值的經營管理，溫筱鴻與她的朋友們一起分享，想掌握最高投資酬率的學習，想體悟各行各業的辛勤快樂，就請準時收看……」，於是我當機立斷決定製作這個節目。

其實每個人都有很多資源，雖然節目經常是一塊錢都賺不到；但我並不覺得自己傻，因為在做《時尚名人薈》時，就像免費上了無數堂的國際企業VIP課程：一週訪問三位CEO，在短短的二十分鐘訪談中，CEO們人生的點點滴滴讓我獲益良多。這一年說是「練功」絕對不為過，《時尚名人薈》一年共五十二集的製作最後終圓滿告一段落。

製作電視節目的機會，讓我訪問了這麼多名人和 CEO，不僅事前需要做功課，錄影更需要臨場反應，事後還要盯剪輯；前前後後所需要的功夫無法言喻，而且可以快速吸收這麼多正面又有意義的經驗，就算再辛苦，我想我都是幸運的人。

沒多久，新的挑戰又迎向我了。

痲辣購物天后利菁在出新專輯時，在各大媒體看到她侃侃而談人生故事，我被她的毅力與魅力所折服，心想：「天啊！她竟然出唱片了！」整張專輯讓我驚艷不已！眞不知道她是怎麼做到的？我主動打電話給利菁，表示想要採訪她。見到她時我驚訝的問：「妳是如何保持這麼強的鬥志呢？」她微笑：「在我的人生字典裡，沒有『做不到』、沒有『不可能』、沒有『後悔』」，這三個「沒有」當場震撼了我。

在訪談過程中，她說：「我一直都有看妳的節目！」，一方面受寵若驚，另一方面很欣慰、很開心，自己辛苦的成果被看見。但讓我再次吃驚的是，菁姐希望我與她合作及共同主持新節目——一方面我相當惶恐，也相當感激。我深知製作一個節目的困難與複雜，勞心又勞力，且當時我已忙得不可開交，可是因爲菁姐充滿能量的支持與鼓勵，所以我又接受了新挑戰！

由「鴻宣時尚娛樂整合行銷公司」擔任製作，菁姐與我共同策劃主持的新節目『菁鴻 e 瞥』就這樣誕生了，這是一個希望讓觀眾驚豔所有美好人事物的新節目。

我們是在星期六的有限時間內，一次進行五集的錄製，如此壓縮的工作狀態，都是靠團斷同仁們一起撐過來完成的。攝影棚內陣仗很大，製播人員就有數十位，這樣的大場面，讓我想到當年舉辦 Elite Super Model Look 大活動的複雜與艱辛：二位剛從銘傳大學廣告系畢業的新人助理，因現場壓力實在太大而哭了起來，我一面安撫她們，一面也不禁想到當年剛畢業的自己……但我的團隊們真的都好棒！

我從製作週末的塊狀節目到製作週一至週五每天晚間九點

到十點的帶狀節目，感謝電視台一直給我機會。某次卡內基執行長黑立言對我說：「Stephanie，我覺得你的人生是每天不停換檔！」，想想，我的職場人生幾乎就像黑立言所言，人生開的不是自排車，而是手排車，每天換不同檔前進著，名符其實的「換檔人生」。

在我製作第一個節目《Taipei in Design 台北映時尚》時，因爲受限於經驗和預算，原本覺得只有能力規劃半小時的節目，不過當時萊雅集團台灣區總裁陳敏慧 Amy 對我說：「我相信妳有能力製作，要做就做一小時。」，感謝 Amy 當初的激勵與鼓勵，讓我初試啼聲就製作一小時的電視節目，以鐵戰人生的勇氣一路做了四年的節目。

從擔任「超級設計師」評審到製作與主持「菁鴻 e 瞥」，一路上我不斷學習，不斷吸收新知、不斷克服難關，重要的是在這一路上貴人不斷，讓我的鐵戰人生一直換檔往前：求學階段的同學、職場上的長官與同事、工作上的合作夥伴與客戶、一直在我旁邊守護著我的家人、好朋友們……要感謝的人太多，就讓我再次感謝人生吧！

溫筱鴻的鐵戰人生——時尚CEO的18堂職場實戰課

作　者—溫筱鴻
主　編—林芳如
企　劃—林倩聿
特約協力—黃莉翔
美術設計—黃思維
版型設計—陳郁汝
內頁排版—時報出版美術製作中心
董事長
總經理—趙政岷
出版者—時報文化出版企業股份有限公司
10803台北市和平西路三段二四〇號七樓
發行專線—（〇二）二三〇六—六八四二
讀者服務專線—〇八〇〇—二三一—七〇五
（〇二）二三〇四—七一〇三
讀者服務傳真—（〇二）二三〇四—六八五八
郵撥—一九三四四七二四 時報文化出版公司
信箱—台北郵政七九～九九信箱
時報悅讀網—http://www.readingtimes.com.tw
電子郵件信箱—liter@readingtimes.com.tw
法律顧問—理律法律事務所　陳長文律師、李念祖律師
印　刷—盈昌印刷有限公司
初版一刷—二〇一五年九月四日
定　價—新臺幣二六〇元
⊙行政院新聞局局版北市業字第八〇號

國家圖書館出版品預行編目(CIP)資料

溫筱鴻的鐵戰人生
時尚CEO的18堂職場實戰課/ 溫筱鴻作. -- 初版. -- 臺北市 : 時報文化, 2015.09
面 ;　公分. -- (人生顧問 ; 219)
ISBN 978-957-13-6379-0(平裝)

1.成功法 2.自我實現 3.女性

177.2　　104016254

ISBN 978-957-13-6379-0
Printed in Taiwan